智元微库
OPEN MIND

成 长 也 是 一 种 美 好

好好表现

60秒快速构建强关系

たった1分で仕事も
人生も変える自己紹介2.0

［日］横石崇 —— 著

雷切尔 —— 译

人民邮电出版社

北京

图书在版编目（CIP）数据

好好表现 ：60秒快速构建强关系 / （日）横石崇著 ；
雷切尔译. -- 北京 ： 人民邮电出版社，2021.7
ISBN 978-7-115-56418-4

Ⅰ．①好… Ⅱ．①横… ②雷… Ⅲ．①职业选择
Ⅳ．①C913.2

中国版本图书馆CIP数据核字(2021)第068521号

◆ 著 ［日］横石崇
 译 雷切尔
 责任编辑 张渝涓
 责任印制 周昇亮
◆ 人民邮电出版社出版发行 北京市丰台区成寿寺路 11 号
邮编 100164 电子邮件 315@ptpress.com.cn
网址 https://www.ptpress.com.cn
 天津千鹤文化传播有限公司印刷
◆ 开本：787×1092 1/32
 印张：5.5 2021 年 7 月第 1 版
 字数：100 千字 2021 年 7 月天津第 1 次印刷
 著作权合同登记号 图字：01-2020-6484 号

定 价：49.80 元

读者服务热线： （010）81055522 印装质量热线： （010）81055316
反盗版热线： （010）81055315
广告经营许可证：京东市监广登字 20170147 号

序
Preface

"如果要在不认识的人面前发言，我会紧张得脑中一片空白。"

"语言贫乏，也不知道说什么比较好。"

"没有办法让别人明白我在做什么。"

"新的发现无法和商机连接。"

关于通过自我介绍让自己在短短的 60 秒内脱颖而出，与他人快速构建强关系，大部分人有数不清的烦恼和纠结。

你擅长自我介绍吗？

之前，我是很不擅长自我介绍的。

有多不擅长？因为讨厌自我介绍，所以聚会时，我总是独处，也经常迟到，浑身上下散发着一种"请不要和我说话"的气场，也尽量避免与其他人接触。现在回想起来，当时的我并不善于谈论有关自己的事，缺乏自信，是一个害羞的人。

某天下午，我和一位朋友在家里的餐厅喝咖啡，正好聊到了自我介绍这个话题，我向他坦白，自己极其不擅长这件事。然后，朋友对我说：

"自我介绍不是介绍自己。"

"自我介绍要介绍未来。"

对我来说，这两句话如同当头一棒！

在听到这两句话之前，我一直以为"自我介绍就是要告诉别人你是谁"，不能不谈论自己，我也从未怀疑过这样做是不对的。

从此，我埋头研究自我介绍的方法，不断试错并积累经验，终于在实践中取得了突破。

我把我的研究精华都浓缩在了这本书中。你可能觉得我在开玩笑，但我用了这些方法后，人生际遇发生了很大的变化。

比如，我在新宿的一个小酒吧里遇到了一位聊得来的长辈，他正好是一家上市公司的部长。第二周，他给我带来了一单生意。

比如，在一次免费的研讨会上，我和同桌的一位参会者混熟了之后，他给我带来的业绩让我以为自己多数了一个零（高到我不敢相信）。

比如，在政府举行的高规格活动中，我恰好被邀请参与制作人的相关工作。

比如，在一个有关工作方式的项目启动仪式上，我恰好引起了一位世界知名企业家的注意，因此有机会与他交谈，并且相谈甚欢。

这些都是非常独特的相遇，也都在后来给彼此带来了合作的机会。这些机遇都不是我主动恳求和强求的。偶然的相遇，却带来了意想不到的结果。毫不夸张地说，这都是来自"自我介绍的神奇力量"。

自我介绍是人与人之间缘分的"开端"。

有人可能会想：不过是自我介绍，能产生这么大的影响吗？但是，我要提醒大家，不要小看自我介绍！

你要讲述的不是自己，而是未来。你的工作和人生都将因此发生巨大的改变。

很高兴认识你，感谢你购买本书。

我叫横石崇。

在研究自我介绍的过程中，我的研究成果恰好引起了出版社编辑的注意。编辑给了我创作这本书的机会。

近20年来，我参与了很多项目，涉及企业品牌、组织发展、人力资源开发等领域。每年，我都作为主讲嘉宾，参与由企业和大学举办的100多场讲座和研讨会。

同时，我也是以"新的工作方式"为主题的，日本最大的工作方式相关活动"东京工作设计周"（Tokyo Work Design Week）的创始人和组织者。该活动不仅在东京举办，还在大阪、横滨等地，甚至在韩国举办。6年来，该活动的参加人数超过3万人，为二三十岁的人士转换新的工作方式提供了有效帮助。

在NHK电视台回顾平成时代①的特别节目中，主办方对我的介绍是"为年轻人创造未来的推手"，这真是太抬举我了。但是，自我介绍确实是与事业分不开的。

这本书是我对自我介绍的研究结果，也是有关如何创新自我介绍的研讨会和工作坊的工作成果。我将会毫无保留地分享有关自我介绍的方法、道具和原则。

但请注意，本书不是自我介绍的说明书。书中没有案例分析或实例。因为所谓正确的自我介绍方式是不存在的。随着时间的推移，攻略、手册和案例都会逐渐失去价值。

在本书中，你将面临"我们为何不得不做自我介

① 具体是指1989年1月8日至2019年4月30日这段时间。——编者注

绍""自我介绍要传达什么""自己是怎样的人"等彻底的追问。以健身比喻的话，健身不是为了拥有一身可以用来炫耀的肌肉，而是为了打造整体的健康形象。如果你现在的自我介绍是1.0，那么阅读这本书会让你将自己的自我介绍升级到2.0。我相信，这次升级将会对你在未来几十年遇到的任何情况都发挥重要作用。

在第一章，我从四个角度分享了我们所处的时代以及为什么自我介绍需要被改变。

在第二章，我分享了自我介绍的目的和过程，并讨论了自我介绍的成功和失败有何区别。

在第三章，我将探讨最强和最弱的自我介绍类型，并与读者一起讨论传达信息的理想方式。

在第四章，我将通过七种道具工作表，帮助你实现与他人快速构建强关系的目的。

在第五章，你将学习如何根据你在这里学到的沟通技巧来发展职业道路。我以"跨界"为主题，跨越组织、行业、专业领域之间的壁垒，提出了有关价值创造的建议。

请注意，从第四章开始需要填写工作表，请准备好笔。

此外，本书是以预防医学研究者、医学博士石川善树和故事研究家福井康介先生的研究发表会的内容为基础的。我与石川善树博士进行了多次讨论，并从他那里得到了很多想法和答案，才写成了这本书。

在你阅读和体会本书的过程中，我希望你能将自己的"自我介绍"升级到 2.0 版本，并通过"自我介绍 2.0"让自己在各种社交场合能够表现出色，接下来你便可以期待更重要的相遇。

那么，让我们翻到下一页，开始升级。

目　录

Contents

I

第一章

升级自我介绍的理由

　　自我介绍是所有工作的起点。现如今，工作方式和工作观念相比以前都发生了很大的变化，自我介绍也要随之改变。我相信，改变工作的出发点也与社会变革紧密相连。那么，工作方法和工作观念到底发生了怎样的改变？为了寻找"升级自我介绍的理由"，我们首先要从了解这个时代开始。

从"组织时代"到"个体时代"

　　为什么我们需要升级自我介绍？一言以蔽之，这是因为世界正在从"组织时代"走向"个体时代"。

我在这里所说的"个体时代"既不是指"成为自由职业者"，也不是指"创业"，而是说即使作为公司中的一员，每一个人也都要有坚定的"信念"和"目的意识"。

这听上去有点难懂，你可以理解为，在这个社会，以"我们"和"大家"为起点的思考方法已不再适用，人们要以"我"为起点。

为什么说我们进入了一个"个体时代"？

随着战后（指第二次世界大战后）经济的高速发展，日本社会建立了以公司组织为中心的体制和机制。

"终身雇佣制""年功序列""一齐就职"等制度仍然作为公司组织的基础顽强地残留着。

然而，随着近年来日本经济增长速度的放缓，即所谓"失去的 30 年"，以公司为中心的社会局限性日益突显。近年来，"家族式经营"这一田园诗般的词语渐渐淡出人们的视野，取而代之并随处可见的是"黑心企业""社畜"等负面词汇。

另外，互联网已经发展了 30 年。随着科学技术、社交媒体等的发展，连接人与人、支持个人活动的基础设施已被重新建构。由于社会的发展，个人发挥积极作用的机会增多，人们的价值观念越来越多样化。

自媒体比大众媒体发展得更活跃。

零售业已转向 C2C 类服务，如 Mercari[①]。

酒店业已经转向爱彼迎（Airbnb）等民宿服务。

伴随以上趋势，工作方式、工作岗位和职场也在渐渐增加以"个体"为中心的选择。于是，"个体时代化"备受关注，各类变化也在加剧。以公司组织为中心的社会将被舍弃。我们要开始从组织思考角度转换为个体思考角度。

然而，即使在这个个体时代，人们也不能没有组织和社区。公司被认为是一个社区，个体在多个社区

---

① 　一个日本 C2C 二手商品交易平台。——编者注

之间来回走动时，相互之间是有联系的。而通过这些联系创造的新价值，为我们创造下一个更加丰富的社会形态奠定了基础。

"自我介绍 2.0"便是增强个人与个人之间的联系的有效工具。"自我介绍 2.0"是一种重新审视"自我"这个个体并将其很好地传达给他人的方法，也是一种创造价值的手段。让我们摒弃那些基于"组织时代"而优化的传统方法，升级自我介绍，迎接未来。

为了理解升级自我介绍的必要性，让我们仔细看看从"组织时代"到"个体时代"的社会变化。纵观日本社会的变化，我们可以看到"四个为什么"。接下来，我们将逐一解开这些难题，把握"个体时代"的全局。

理由 1：组织结构改变了

我突然想问，你的组织是"教父型"还是"十一罗汉型"？

面对我突如其来的发问，你可能会感到困惑。可能很多人都知道这是两部著名的电影，但我的问题是关于组织类型的比喻。金字塔型对应的是"教父型"，项目型对应的是"十一罗汉型"。

接下来，我向大家分别详细介绍它们各自的特点。

"教父型"（金字塔型）组织

这就是所谓的"上传下达"型组织结构。以总裁为首的高层管理人员至高无上，组织中层级分明。工作往往是纵向分工、面向组织内部进行的。在员工终身雇佣制和年功序列制下，与工作能力无关的公司政治将影响人事评价。

在《教父》中，以教父维托·唐·柯里昂为首的黑手党家族是金字塔型组织。在这里，假设你"将在组织中度过余生"，那么首领的命令就是绝对的"铁律"，这个原则维持了这个家族的统治，让其渐渐扩大并保持稳定。影片描述了教父一生中的大部分时光，以及其家族的爱恨悲剧和组织的混乱。

"十一罗汉型"（项目型）组织

项目型组织的内部规模小而轻巧。这种组织以管理人员最少化为原则，必要时会从外部引入执行人员来构成组织。有些团队甚至没有经理之类的领导者。项目完成后，团队就会解散。

在电影《十一罗汉》中，有一个任务叫"金库破解"。为破解金库，各种专业人员聚集在一起，如善于策划作战的队长、爆破专家、电气系统的专家等。不同的任务内容会有不同的集合的成员，完成任务的组织可以随意改变。目标完成后，项目组解散，成员们各自回到原来的组织，而后在遇到新的相关项目时，则根据需要再次聚集合作。

这两种组织类型各有优势和劣势（见图 1-1），但现在项目型组织更受欢迎。

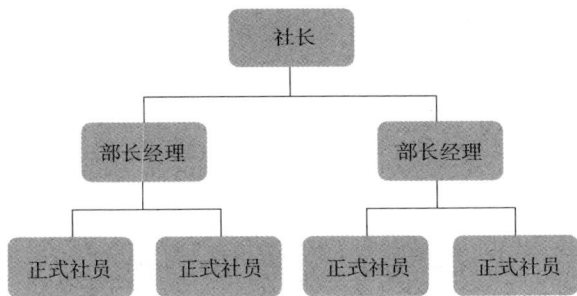

a）金字塔型组织

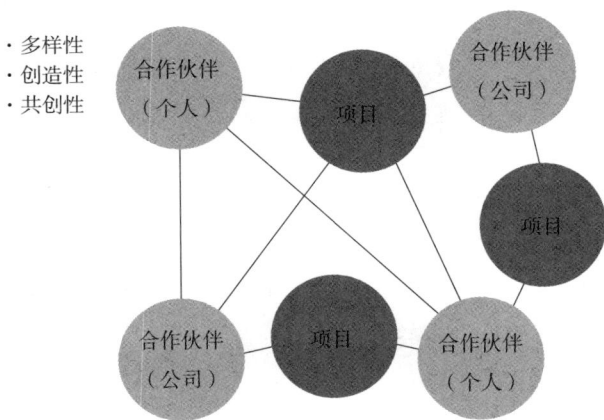

·多样性
·创造性
·共创性

b）项目型组织

图 1-1 金字塔型组织与项目型组织的异同

导致这种情况的一大理由是，项目型组织更重视"产出新的价值"。

当"异类"（不同的人）混杂在一起时，创新和新思想更容易诞生。所谓"异类"，就是价值观和观点完全不同的人，他们可以带来新的发现。公司不该只有"相互熟识的同事"，还应该从外部引进各个领域的专业人才，使他们的价值观和观点与公司内部的员工互相碰撞。

不要误会我的意思，我不是让大家都像《十一罗汉》中标榜的那样都成为自由职业者，或成为独当一面、有社交影响力的人。我想强调的是，我们应该重新思考公司与个人之间的关系，这种关系不仅包括公司内外，也包括公司内部各部门之间的团队为创造价值而进行的重新调整。

此外，在金字塔型组织中，层级臃肿（即决策和执行速度慢）可能成为绊脚石。大约 30 年前，就像预见"小众时代"来临的广告制作人藤冈和贺夫先生所说："一切都在向'轻'的方向发展"，组织为了创造价值，也在发生"从重到轻"的转变。

让人知道你的"职能"，而不是"职位"

在这场组织变革中，推动组织发展的管理方法将从"职位导向"转变为"职能导向"。

"职位导向"是指，处于"社长"和"部长"等职位的人，是通过公信力和执行力与组织挂钩进行管理的。职务才是权力，工作围绕职务展开。特别是当组织成员以"内部"人才为主时，根据上级指示行动的组织文化便会扎根，工作中的动力大部分是"这是部长的指示"或"这是公司的方针"等。

"职能导向"是指，每个人都带着"我参加这个团队是为了什么"之类的目的参与工作。在项目型组织中，每个人考虑的都是"我能做什么，如何为这个团队做出贡献"。在这样的组织中，拿权威做武器，如"我是某某公司的总经理"是行不通的。重要的是人的职能而不是职位，职位并不能保证工作的顺利进行。

"意识到个人'职能'继而进行团队协作"将是职场人今后需要具备的素质。这应该是任何场合下做自我介绍的重点。遗憾的是，很多人还是倾向于以金字塔型组织和职务导向介绍自己。从现在开始，有必要根据"职能"而不是"职位"升级你的自我介绍。

理由 2：企业的价值观改变了

"你的事业是什么？"（What is your business？）

这句话来自著名的管理学者和管理思想家彼得·德鲁克（Peter Drucker）。面对初次见面的人，他提的第一个问题就是这个，而不是"你做什么工作，怎么赚钱"，前者是一个旨在清楚地了解对方的"目标意识"和"存在理由"的问题。

从"收益"到"目标"

正如德鲁克生前所预见的那样，近年来，世界一流企业在经营战略和品牌建设方面的重点已从"收益"转向"目标"。在一个日渐成熟的社会里，企业不仅会强调自己所做的事情带来的利润，还会强调自己做这件事的目的和存在的理由。"目标"是公司所有相关人员，包括客户、员工、外部合作伙伴及其家人，唯一可以分享的价值，即使他们代表不同的立场。

今后，所有的企业组织都要拥有并传达明确的、对整个社会有贡献的目标意识，如"公司存在的目的是什么""自己在这个公司工作的目的是什么"等。

Facebook 的创始人马克·扎克伯格（Mark Zuckerberg）是另一个强调"目标"重要性的人。2017 年 5 月，他在母校哈佛大学毕业典礼上的演讲引起了人们的关注。他的演讲发言如下。

　　对我们这代人来说，最大的挑战是创造人人都有使命感的世界……今后，各种各样的组织和公司都有必要变成"目标实现的场所"。

　　正如马克·扎克伯格所说，"目标"并不局限于企业经营战略。

只为自己的"目标"是什么

　　如果让你描述自己工作的"目标"，你会如何回答？你可能会发现到目前为止的人生中，你还没有深入思考过"自己的目标"。在工作中，从来没有人教过你这个问题的答案，更不用说在学校或家里了。

　　与此同时，世界正在经历价值观的快速转变。随着人工智能技术的进步，大家是时候重新考虑工作的价值了。接下来，我们看看将支撑世界的千禧世代的工作动机是什么（见图 1-2）。

前三位（多选）

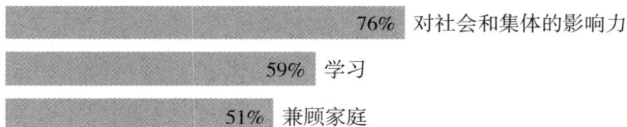

76% 对社会和集体的影响力

59% 学习

51% 兼顾家庭

后三位（多选）

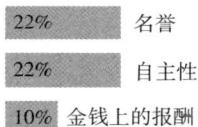

22% 名誉

22% 自主性

10% 金钱上的报酬

图 1-2　千禧世代的工作动机

资料来源：ATD 人才教育国际会议。

儿童文学作家迈克尔·恩德（Michael Ende）从根源开始拷问金钱的概念，他说："金钱不再是工作的等价报酬。"

在未来社会中，不仅仅是金钱上的报酬，"如何在社会上工作""对社会产生什么样的影响"等有关价值观的问题也会出现与以往不同的答案。

从第二章开始介绍的自我介绍的方法，为寻找自己独特的个人道路提供了线索。从现在开始，自我介绍需要你把握自己的目标，并将其传递给他人。

理由 3：工作方法和学习方法发生改变

伦敦商学院教授琳达·格拉顿（Lynda Gratton）在她的著作《焕新人生》（*Life Shift*）中提出了"百岁人生时代"的说法（见图 1–3）。这是一个象征我们所处的时代和工作方式的关键词。此外，由"百岁人生时代"衍生出的"多阶段""再学习"也是其中的关键词。

"多阶段"将成为常态

我们把人生分为以下三个阶段来思考：教育、工作、退休。在"80 岁人生时代"，基本的生活方式是"大学毕业后进入公司，一直工作到退休，退休后过

此前

（65岁以后）

退休

（22~65岁）

工作

（22岁以前）

教育

- -

百岁人生时代

多阶段 （22~80岁）　（80~100岁）

退休

（22岁以前）

教育

工作、学习、自我探究、自由工作、
创业、副业（多职业）等

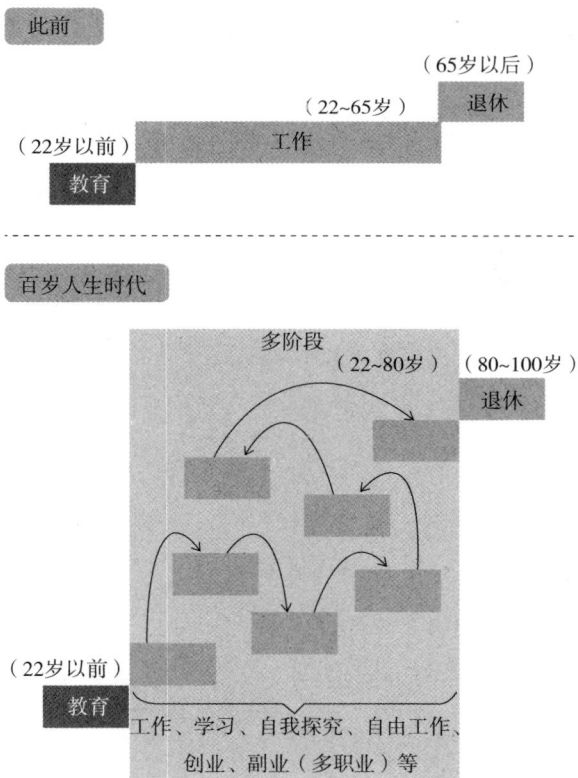

图1-3　"百岁人生时代"的人生战略变化

着悠闲的生活"。

但是，对于平均寿命增加到 100 岁的人生而言，处于教育与退休之间的"工作"时间更长。那么，你的职业生涯的"寿命"和公司的寿命就会有所不同。当这种情况发生时，只有"30 年寿命"的公司比个人先倒下的可能性变得更大了，或者说个人会有多个职业生涯，将在各种职业中穿梭。可以说，不断改行并进入不同的领域将变成这个时代的常态。

工作的寿命也会越来越短。尤其是一些与数字技术打交道的工作，这些工作很有可能在短时间内迅速过时，不再被需要。

人们普遍对这种说法持两极分化的态度。极端地讲，对此持消极态度的人会认为"我们生活在这样一个时代，一边要工作这么长时间，一边又要不断地迎接改变"，对此持积极态度的人则会认为"可以活出几次不一样的快乐人生"。看待这个问题的角度不同，会导致你的思维方式完全不同。

全球最大的商业社交网站领英（LinkedIn）的创始人里德·霍夫曼（Reid Hoffman）谈到了职业生涯的新景象："职业生涯就像一个没有梯子的立体铁架（jungle gym）。职业道路不是一条只能选择向上或向下的笔直阶梯，它更像一个立体铁架，在不竭的轨迹中向下和横向移动。"

事业和人生应该像一个立体铁架一样，我们一边玩一边休息，享受漫长的"工作期"。

必须"重新学习"的时代

在这个多职业的时代，重新学习很重要。这是因为，当你转行到一个完全陌生的工作领域时，你需要学习下一阶段的职业发展所需的技能。一边换工作一边积累职业生涯的人，必须经历以下过程：工作、学习、在新领域工作、重新学习、在新领域工作……

与过去相比，我们有更多的关于培训、课程和学校的选择，你可以按需选择，打造新的职业生涯。同时，在线教育行业也在蓬勃发展，这是一个不管年龄多大都能随时重新学习的时代。

我们可以看到，在不久的将来，知识和人才不会局限于一个地方或一个职业，而是会有很大的流动性。

最近，企业之间的人才交流也在增强。日本一家名为"租借交易"的公司正在开发一种名为"司外留职"的服务，即在公司之间的交换留学。初创企业以租借的形式向大企业寻求一定时间内的支持，或者大企业的内容开发员工被租借到初创企业，成为内容部门的负责人等，这些都是更为宽松的人才交流形式。

个人可以任职的岗位将不再只固定为一种。越来越多的"斜杠人才"活跃在各个领域。我自己就身兼数职，如制作人、临时编辑、主持、分享办公室主管等，我的职业已经很难用三言两语说清楚了。

随着世界的变化，我也在不断地改变自己。我们要开始寻求，使用不同的自我介绍方法来介绍身处不同职业身份的自己。

理由 4：技能需求改变了

说完职业的变化，我想说说与技能有关的变化。

在这个时代，你不再被要求停留在自己的专业领域，你将被要求具备"跨界"的能力。这里的"跨界"一词可以改写为"合作"或"共创"。

对跨界人才的渴望

新锐设计创新公司 Takram 的负责人田川欣哉强调了"BTC 型人才"的跨界能力的重要性，其中"B"代表商业，"T"代表技术，"C"代表创意。他认为只有将这三个要素有机地联系起来，才能培养出具有跨界能力的人才（见图 1-4）。

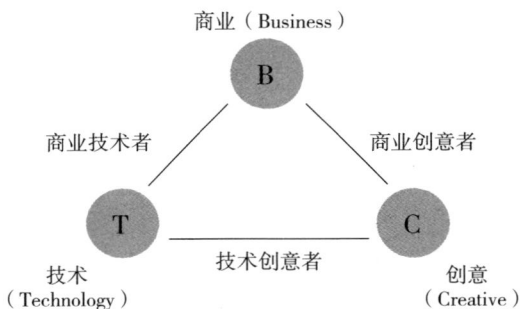

图 1-4　BTC 型人才模型

资料来源：根据田川欣哉的"第四次工业革命和设计的作用"调整。

过去，职业设计只要专攻一个领域就够了，攻克每个领域都障碍重重，人们很难再创造新的价值，因此，具有两个或两个以上领域专长的人才是非常稀缺的，比如懂艺术的工程师和懂商业的创客。

重要的是，心里要准备好掌握多个领域的技能，而不是固定于某一个领域。同时攻读两个不同专业学位的学生并不罕见，这类人才被称为"双学位人才"。

人们没有必要将自己的能力和好奇心仅仅局限于某一个方面。

　　另外，人力资源的重点也从"T型"转向"H型"（见图1-5）。直到现在，"T型人才"还被要求在某一特定领域有专长（字母"T"的竖条），并对其他领域有广泛的了解（字母"T"的横条）。不过，今后还需要能"跨界"的"H型人才"。这些人可以作为枢纽，把有专长的人（"H"的两根竖条）连接起来，跨越他们的专长领域。他们有时被称为"生产者"或"连接器"，相关叫法并不重要，重要的是要有广泛的人际关系和知识网络，能与不同背景的人才交流，对生活在不同社区的人有深入的了解。

图1-5　T型人才和H型人才

自立，意味着有更多可以依赖的人

"跨界"也意味着"自立"。"自立"一词，一般是指财务独立或技术独立等。

但我认为，自立是一种能够自己做出选择的状态。因此，通过跨界增加自己的选择权是一种走向自立的行为。

什么是自立？我想借用一下儿科医生和作家熊谷晋一郎的话，相关的事例也很有教育意义。

熊谷先生因婴儿假死症的后遗症而患上脑瘫，此后一直靠轮椅行走。日本 3·11 大地震时，电梯停运，他无法从 5 楼的工作场所逃出来。这时，他才发现，别人都有多种逃生的手段，比如用梯子、走楼梯。一般认为，身体健康的人是独立的，日常行动几乎不依赖任何东西，而残障人士的日常行动则需要依赖各种东西。不过，我认为，这种思路可能取决于可选选项（可依赖）的数量。

我们往往认为"独立"的反义词是"依赖"。当我们听到"自立"这个词时，我们会认为它的意思是"不依赖他人独自做事"。

然而，情况并非如此。熊谷说"残障人士与其他人本质上的不同是他们的选择很少"，而"独立意味着增加他们的选择"。换句话说，你能依靠的人越多，你就越能自己决定问题，最终实现自立。

2018 年，经济工业研究所关于幸福感的研究表明，"能够自主选择"的人比有高收入或高学历的人更幸福（见图 1-6）。

主观幸福感

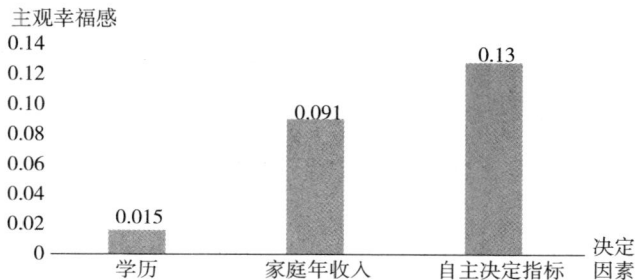

图 1-6　主观的幸福感和决定因素的重要度

资料来源：幸福感和自主决定——日本的实证研究（经济工业研究所，2018 年）。

这大概是因为，自主选择权越大的人，掌控自己人生的所拥有的成就感和自尊心就越强烈吧。是否根据自己的判断做出选择和抉择，也直接关系到幸福。

如果持续待在一个封闭的组织内，你的独立潜力将受到限制。你越是"跨界"，你的选择就会越多，就像在绘制一张新地图一样。越是跨界，你就越能深切地感受到自己的狭隘。如果你能学会新时代的"自我介绍 2.0"，你就不怕"穿越"到任何一个世界。它可能就像一本护照，让你在任何未知的世界来去自如。

在"个体时代"创造信任

在第一章中，我根据四大变化介绍了升级自我介绍的理由。

即将到来的"百岁人生时代"是一个以"人力资本"（即"人与人的关系"）为中心的社会。这样的社会最基本的要素是什么？答案是"信任"。

比如，如果你所在的公司突然倒闭了，或者你的职位被取消了，你还能在这个社会上生存吗？

一个人独立的必要条件，不是获得不依赖任何人而独自生活的能力。自力更生的必要条件是增加可以依赖的人的数量。要做到这一点，你首先要认识到，你的个人网络就是一种财富。它不是一个公司的网络，只靠职称和职位来连接，而是由个人能力和品格所连接的网络。个人网络可以通过"创造信任"扩大。在这个需要独立的"个体时代"，让我们用建立信任关系的自我介绍武装自己的生活。

接下来，我们谈谈如何把握自我介绍的要点，为新的相遇做准备！

第二章

预期管理决定成败

做自我介绍最大的目的是"与对方建立良好的信赖关系"。不擅长做自我介绍的人，很可能对这个目的有所误解——"信赖和信用有什么不同""自我介绍和交换名片有什么不同"，不同之处在于，通过把握整体情况，我们可以切实地赢得对方的信赖。

"争取被记住"是错误的

做自我介绍是建立新的人际关系的重要环节。但是，在做自我介绍时，你是不是往往只会说出自己所在的公司、部门或自己的职位？

在自我介绍中，你要在不到 1 分钟的时间里，说清楚"我是怎样的人"，还要考虑"如何被别人记住"。在某些情况下，你可能只有几秒的时间。在这样严苛的条件下，很多人因为"不能很好地沟通""脑袋一片空白""做不到妙语连珠""不能给他人留下深刻的印象"等原因，显得不善于沟通。

事实上，"如何才能被记住"这个目的本身就是一个陷阱。被人记住、留下好印象不是"目的"，只是"手段"。

自我介绍的最大使命

首先，让我们重新思考自我介绍的目的。

自我介绍最重要的目的是建立良好的信任关系，即在短时间内与一个素未谋面的人打招呼，取得他们的信任，这样才能进行下一步的工作。

既然是"自我介绍"，自然要讲自己的情况，但更重要的是要和对方进行有针对性的沟通。自我介绍并不只是介绍自己，而是要给对方留下一个好印象。同时，改变对方对自己的态度和行为也很重要。最困难也是最重要的事情是取得对方的信任。那么，如何获得初次见面的人的信任呢？

　　首先，我们思考一下"信任"这个词。很多人很容易将它与信用混淆，所以我们先来辨析一下这两个词有什么异同。下面是两位先生对"信用"和"信任"的思考。

　　首先是 KORUKU 董事长兼编辑佐渡岛庸平先生的解读。

　　　　信用＝对过去的成就和可交付成果具有价值的评价。

　　　　信任＝对过去的成就信用，也愿意相信不确定的未来的状态。

他将这两个词分为两个向量，一个是过去的向量，即"信用"；另一个是未来的向量，即"信任"。

佐渡先生认为，社群是未来媒体的发展方向。所以，他认为"信任"和"信用"是社群运作的必要条件，也是他看到评价对象差异的原因。

接下来是石川善树先生对这两个词下的定义。

信用 = 对对方进行"理性"判断。

信任 = 与对方进行"情感"联系。

理智与情感的区别是关键。研究脑科学的石川先生试图通过区分理性和情感，揭示人与人之间通过信息流动产生的无形联系的本质。

在这两种解释中，它们的共同点是："信用"是物理的评价和判断，相对来说，"信任"则是感性的，包含模糊关系。

不要把交换名片与自我介绍混为一谈

交换名片与自我介绍有什么区别？

交换名片重在获得信用的交流。对方通过你所透露的自己所属的组织、联系方式等信息，确定你是否有一定的信用。判断信用的基础，往往是一些普遍认可的可量化的信息，例如公司的规模、品牌的实力等。

自我介绍则是通过感官判断眼前的人是否值得信任。这时，人就会动用自己的感官系统，用自己的判断标准，包括第一印象、说话风格、声音的感觉等，评价面前这个人"这件事交给这个人没问题吧""这个人对我感兴趣吗"。

换句话说，当你比较两者时，你可以这样说。

交换名片 = 确认信用

自我介绍 = 建立信任

自我介绍能产生信任。自我介绍是一种创造性行为，是与他人共同的行动，也是与未来的对话。

比起被记住，更重要的是被期待

如何通过自我介绍与他人建立信任呢？

答案是"预期管理"。

"预期"是一种等待积极结果或情况的情绪，你要让与你第一次见面的人对你产生期待，激发他们与你之间的积极感情。毫不夸张地说，创造和管理这些预期是决定自我介绍成败的关键。

在日常生活中，我们的预期无处不在。例如，你走进一家便利店，买了新上市的碳酸饮料。你为什么要选择这款碳酸饮料？也许是因为它来自你一直喜欢的某个品牌，也许是因为你的朋友对它赞不绝口，也许是因为你喜欢它的外包装，等等。不管是哪种情况，你都是因为对产品的"预期"高，所以选择了它，而不是因为产品的品质。

我们之所以愿意尝试一些从未尝试过的东西，是因为我们有预期。自我介绍也是如此。建立预期是与新认识的人建立关系的关键。

自我介绍就是"预期"

自我介绍是建立在期望值上的，这一点儿也不奇怪。

彼得·德鲁克在考察企业的沟通时提出了四项基本沟通原则，其中一项是："沟通是预期。"

以下是"四项基本沟通原则"，供大家参考。由于自我介绍也是沟通的一种，所以该原则是适用的。

- 沟通是理解；
- 沟通是预期；
- 沟通创造要求；
- 信息不是沟通。

德鲁克认为"人们只能感知他们自己期望感知的东西"，因此预期是促进沟通的关键。如果预期是一切沟通的源泉，那么作为沟通"开始"的自我介绍能否让他人产生预期，就是沟通成败的分水岭。

自己把控"预期值"

截至目前，我们已经谈到了面对未知事物时，创造预期的重要性。那么如何创造预期并管理预期呢？

这里要注意，我并没有建议大家不断提高预期值。如果你提高了对方的预期值，但实质内容并未提升，这就是本末倒置。别人对你的预期与你真实能力之间的差距会让你给对方留下负面印象。重要的是，将对方对你的客观预期值控制在一个适当的水平。

预期值对于人和产品来说都是一样的。"实际的品质"与"事前的预期值"之间的差异，会影响对方的满意度（见图 2–1）。评价品质的不是你，而是对方。如果你能超出他们的预期，你就是"合格"的；如果低于预期，你就很难获得改善评价的机会了。

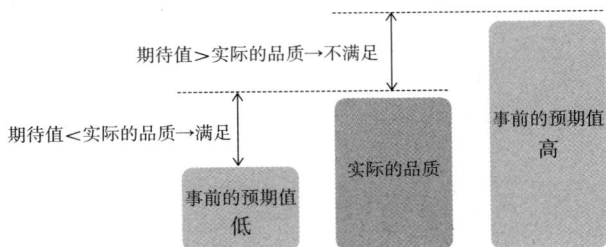

图 2-1　同样的品质，不同的事前预期值会带来不一样的满足度

资料来源：改编自"提高系统建构的适应度讲座"。

总之，要在自我介绍中直截了当地传达自己的成就，同时要让对方产生适度的期待。当你的表现超出对方预期时，你就把预期成功地变成了信任。

在自我介绍中，不要过分提高对方对自己的预期，而是要让对方恰当地评价自己。

控制好对方对自己的预期值，不要让对方有所误会，才能建立你与对方之间的信任。这就是所谓的"预期管理"（Expectation Management）。后面我会用一些例子来介绍预期管理的方法。

到目前为止，我们已经谈到了在自我介绍中"管理预期"的重要性。当我们与某人初次见面时，人们通常会把注意力放在让他根据"过去"来"记住"自己上。而善于自我介绍的人，会把重点放在自己与对方的"未来"上，让对方对自己有所"期待"。

当你能够区分活用"过去与未来、记忆与期待"这两者时，你的自我介绍就开始走上正轨。

下一节，我们将把自我介绍的过程分解成一个个小步骤，一边学习"预期管理"，一边考虑"什么是应该做的"。

管理预期的"AIMAS 模型"

在农业方面，要想收获庄稼，必须先耕地、播种。商业领域也是如此，想要做好自我介绍，第一步是确立与你将要合作的人建立关系的"基础"。从某种意义上讲，自我介绍类似于"耕地"或"播种"。土壤越好，农作物生长得越好，果实的收成也越好。如果能耕作"最好的自我介绍"，那么收获"最好的成果"的可能性就会更大。

上一节，我提到预期管理是自我介绍成败的关键。

作为管理预期的路线图，"AIMAS模型"对你大有助益。为了便于记忆，你可以用"爱马仕"这个谐音记住这个模型。它将自我介绍的基本阶段分为五个。

首先，你要告诉初次见面的人你是谁，这是"引起注意"（Attention）和"共感"（Interest）的部分。之后，通过"播种"（Seeding），播下让双方开始有来有往地交谈的种子。

这里我想说的是，自我介绍只是一种手段。自我介绍的成功不在于让人愉悦地笑，也不在于哗众取宠，或者给人留下深刻的印象。自我介绍是一种手段和工具，目的是让他人对你有所期待。让我们一起来

看看 AIMAS 模型的每一个阶段，了解建立通往目标的
关系的主要流程（见图 2-2）。

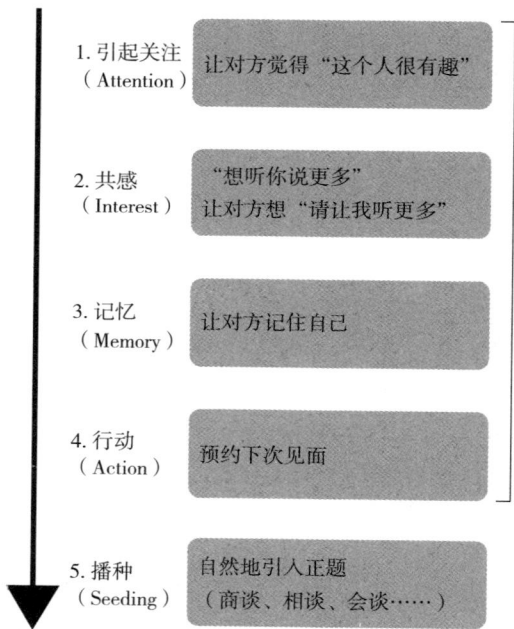

1. 引起关注（Attention）	让对方觉得"这个人很有趣"
2. 共感（Interest）	"想听你说更多"让对方想"请让我听更多"
3. 记忆（Memory）	让对方记住自己
4. 行动（Action）	预约下次见面
5. 播种（Seeding）	自然地引入正题（商谈、相谈、会谈……）

图 2-2　AIMAS 模型

资料来源：立川光昭《自我介绍占九成》。

1. 引起注意（Attention）：让对方认识你

第一步是让对方知道你的存在。根据对方的情况和环境的不同，你打招呼的时机、自我介绍的语境以及给对方留下的印象也会有所不同。在人少的情况下，你很容易被认可，但在人多且彼此不相识的聚会上，人们对他人的兴趣度比较小，所以你需要引起对方对你的关注。

2. 共感（Interest）：让对方对你产生兴趣

仅仅是引起注意还不足以促成后续的合作。你可以通过确定对方对什么感兴趣，找出你能为他们做什么、提供什么价值，以此吸引他们产生兴趣和期望。与其试图扩大主题的范围，不如专注于某个特定领域。如果你能在这里找到共感和共同的目标，就离自我介绍的成功之门不远了。

3. 记忆（Memory）：让人们记住你

要想让对方记住你，你必须有一个比较固定的形象，就像"说起○○总让人想起△△"。你可以告知对方你的电子邮箱地址和社交网站等，以便对方能随时与你联系。

4. 行动（Action）：预约下次见面

你可以通过预约下次见面，更详细地沟通自我介绍所产生的预期和要求。如果对方对你感兴趣，并答应了你的预约，你的自我介绍就基本接近成功了。

5. 播种（Seeding）：再次见面

到了这个阶段，种子才算正式种下。在通过"耕地"建立了相互信任的关系后，这个阶段你可以向对方提出再次见面的要求，以实现自己的目标。

通过 AIMAS 模型，我想大家可以发现，自我介绍是实现目标的一种手段。可能有很多人对前两个阶段的"引起注意"和"共感"感到棘手。但是，在AIMAS 模型中，"A"和"I"是非常重要的部分。

"最好的自我介绍"是，A.I.（爱）就是一切。

这听上去像个冷笑话，但这是人与人之间联系的真相。自我介绍就是关于"A.I.（爱）就是一切"的行动。如果你能把你的 A.I.（爱）放到你的自我介绍中，那么你一定能建立良好的人际关系。接下来，我想用一个通俗易懂的例子谈谈"A.I."（爱）的相关内容。

事例 1：给对方"悦耳的噪声"

自我介绍大致可以分为以下三种模式。

第一种模式是将你的公司名称和职位告诉对方。这是一个标准的自我介绍："我叫山田，是某某公司某某部门的总经理。"

第二种模式是将你的职业告诉对方。这是最普遍的模式："我叫山田，是一名就业顾问。"

第三种模式是传递你能提供的价值。能否将这一价值融入你的自我介绍，将决定你的自我介绍是否成功。

我们重点关注第三种模式。

例如，与其说"我是一名就业顾问"，不如说"我在做帮助人们建立立体铁架式的工作"。对方自然会好奇地问："什么是'立体铁架式的工作'？"通过这样的方式，你可以将话题拓展出如下对话。

> 自己：例如，"梯子型职业"就是一个梯子，需要不停地向上走，向上升迁。"上不去就会出局"，卡住了就要跳下去。
>
> 对方：坚守一个组织，确实是有风险的，不是吗？
>
> 自己：的确是这样的，但有了"立体铁架"，

你就可以在各个方面、各个方向充分发挥自己的作用。

虽然你直言自己的职业是"就业顾问"，也可以传达你的工作内容，但是，为了让你的自我介绍更上一层楼，给对方一个"悦耳的噪声"（一种耐人寻味的违和感）很重要。如果你将自己的价值抽象化，通过与其他事物做比较，使其变得有意义，你就能引起对方的注意。

为了做到这一点，你需要确保不是只有你一个人在说话，也不是只有对方在听；而是在"自己说话"时，也加入能让对方发问的点，以互动式的自我介绍为目标。

为了支持新的工作方式，我创立了"东京工作设计周"项目，开展了会议和研讨会等活动。不过，如果我只是告诉对方这个项目的名称，我想对方也很难有什么具体的感觉，毕竟类似的项目太多了。

所以，为了让他们了解这个项目的特点和宗旨，我告诉他们，这个项目就像一个"工作方式的富士摇滚音乐节"。富士摇滚音乐节是一个可以邂逅新音乐的节日。我想创造一个节日，让人们能以同样的方式遇到新的工作方式。所以，对我来说，重要的是让他们思考："这是一个开放式的项目，是一个让许多拥有不同工作方式的人聚集在一起的有趣活动吗？"并让他们产生预期，希望参加。

确认自己能提供怎样的价值，然后把它们变成"悦耳的噪声"，引发对方的想象力，让对方产生期待。

事例2：用"礼物"赢得人心，创造期待

在前文，我告诉过你，只有当人们的期望值低于实际品质时，他们才会满意。实际上，想实现这种情

况仅仅降低期望值是不够的。

在做自我介绍时，如果你有一个点（礼物）能拨动对方的心弦，你就可以掌握"预期管理"的主导权。

乐天大学校长仲山进也先生有一种"自我介绍的礼物"，让人很难不对他有所期待。

秘密就在仲山先生的名片上（见图2-3）。

图 2-3　仲山进也的名片

*注：公司名称。

从图2-3a可以看到，他的名片上多了一张像人气零食赠送的贴纸。上面有"仲山进也"的标志和他本人的原创插画肖像。闪闪发光的棱柱状处理，会让人觉得这张名片非常稀有。这张名片让我想起了小时候收集赠品贴纸的情景，一下子就抓住了我的注意力。

我马上问他怎么做的。他回答说："你可以在名为'Idea'的乐天网店订购。"这和乐天网店的销售话术也联系起来了，这也是个不错的进展。

仲山先生参与了培养店铺经营者的活动，从而为乐天网店的创建做出了贡献。我的名片也是在那家"Idea"网店制作的。

说实话，我还在自己的名片上加了点小花样。

我的公司名字叫"&Co."，"Co."是"公司"的缩写，它在日语中的意思是"及其伙伴"。

在名片的背面，"&Co."标志前面有一个空白的地方供我书写。在交换名片之前，我可以亲手写上想见的人的名字，然后以"某某先生 / 女士 & Co."（××先生 / 女士及其伙伴）的名义递给他或她（见图 2-4）。我创办公司的初衷就是成为想创业的人的第一个朋友，所以，派发这些名片是我巧妙地表达这种想法的重要机会，同时这种方式也不会让人感觉用力过猛。

如今，越来越多的人将多个头衔和角色作为自己的招牌，这些头衔和角色有时也被称为"第二张名片"。设计自己独特的名片是一个重新思考自我介绍的好机会。

横石崇的名片（背面）

山田太郎先生 & Co.

图 2-4　横石崇的名片

但是请注意，名片等物品只是为了表演。重要的是你能提供的价值和你能与他建立的关系。我们建议你把这些物品作为一种工具，以此引起对方的注意和引发对方表达他的想法，而不是你以此表达自己的观点。

事例3：通过"请求"加强你的人际关系

良好的人际关系建立在"良好的人情借贷"基础上。

如果你欠了别人的人情，自然会想在某一天回报对方。另外，如果别人欠你一个人情，你也希望他们有一天能还你。

反过来说，如果没有"借贷"，那么人与人之间的关系是无法继续的。

所以，不欠别人人情，不借别人人情的人是不善于建立人际关系的。虽然"人际关系"这个词看起来与你是否认识他人有关，但仅仅是认识很多人是没有意义的。这不是得失的问题，而是与他人交往的过程，就是从人情的有借有还开始的。

如果我们欠了别人人情，我们就会采取行动偿还人情，心里也总想着"这个人情我总要还的"，从而通过反复良好的借贷关系，加深双方的联系，发展成更深的合作关系。

在自我介绍中，有借贷关系比没有借贷关系要好。

以我为例，我带领了一个学习小组，如果遇到拥有独特才能的人，我可能会邀请他当演讲嘉宾，然后对方也会邀请我参加他的学习会和演讲会。很多时候，成熟的项目都是从这些小小的你来我往开始的。

不过，你也不必一开始就提出很大的"请求"，你可以提出一个小小的"请求"。比如，在社交媒体上与某人联系时，你可以请他看看你的成就，或者就你正在考虑的项目征求他的意见。最理想的情况是，只有这个人能够解决你的要求或这个人是合适的人选，因为这样互相之间就能产生了巨大的信赖感。

在最终目标面前，你要先给对方留下怀有"小目标"的印象。在提出实现小目标的"请求"的同时，你要使对方逐渐产生"与这个人合作很有趣，我们能做出好东西"的成就感，然后你们再一起逐步向更大的目标迈进。

从 AIMAS 模型中可以看出，把自我介绍当作达成"大目标"的"契机"绝不为过。与此同时，就像良好的土壤能长出丰硕的果实一样，良好的自我介绍也会带来良好的合作。

第三章

最强的自我介绍
是畅谈未来

　　自我介绍不是"告诉对方自己是谁"，而是"遇见自己与对方的未来"，相互"产生预期"。在本章，我们将讨论"聊什么才起劲，如何与对方交流比较好"的实践操作。

不擅长表达也没有关系

　　在本章中，我们将利用自我介绍的"模式"，让任何人都能轻松地进行最强的自我介绍。

　　不过，在介绍"模式"之前，我有一件重要的事情要告诉大家，那就是"不擅长表达也没有关系"。

自卑也是个性

"如果是前景大好的项目，不管是谁说的、怎么说的，都能传递给对方。"

这是日本第一家创意公司 Tagboat 的负责人冈康道先生说的话，他被称为"演讲之神"。我曾在冈康道先生领导的 Tagboat 小组工作。当时，我正因自己的演讲水平不高而苦恼，而他给了我这样的建议。

此前，我不善于在别人面前说话，不善于与人交流，这让我产生了一种强烈的自卑感。但从冈先生的话语中，我学到了"不要想着做一个好的演讲""即使话不多，只要你有好的想法和富有洞察的思想，就一定会传递给别人"的道理。因此我才能够改变自己的思维，让自己将尽可能多的时间用于开发创意，而不是被自己演讲方面的弱点困扰。

在本章中，我将介绍一种沟通的"模式"。我们

不是去研究"讲一些有趣的插曲来提高说话技巧"或
"说这些话一定会受欢迎"等细枝末节，而是思考如何
把不擅长说话、内向等转化成个性。通过识别自己的
个性，并将其装入"模式"，这样就能创造属于自己
的独特的自我介绍。

顺便说一句，我现在每年在公众场合演讲 100 多
次，包括在讲座和活动中担任主持人。每次演讲，我
都会紧张、脸红，说话结巴。即便如此，我还是喜欢
研究如何将自己的所思、所感传递给别人，并且我承
认我的弱点就是我的个性。

我要给大家介绍的"模式"是我在研究自我介绍
时看到的一个框架，希望大家能够在其中加入自己的
创意，让它为己所用。

记住：人是"健忘的生物"

我想强调"人是健忘的生物"。有一个名为"艾宾
浩斯遗忘曲线"（见图 3–1）的实验。这是关于人能记

住听到的内容多长时间的实验。

记忆量

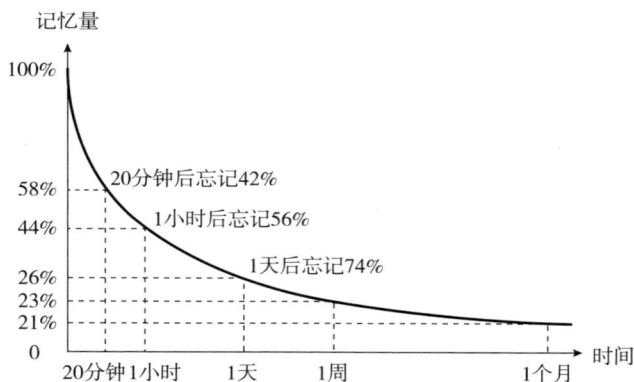

图 3-1　艾宾浩斯遗忘曲线

如图 3-1 所示，人们在 1 小时后忘记了自己当时记忆内容的 56%（记忆保持率 44%）。

一天后忘记了 74%（记忆保持率 26%）。换句话说，人在 1 天内会忘记此前 70% 以上的记忆内容。

即使你介绍了自己，对方也不会对你说过的话产生牢固的记忆。这是一个大前提。第二天他们忘记你的名字，甚至忘记你的长相（或者他们已经忘记了你的存在），这种情况并不少见。所以，只有融入前人的智慧，即所谓的"模式"，才能赢得对方的信任，建立无可取代的商业伙伴关系。

最强模式与最弱模式

你认为以下哪个例子更容易打动对方的心？在这里，我以按摩师为例，一个是"最强模式"，另一个是"最弱模式"。顺便说一句，从哪一个更"耐人寻味"的角度去思考，或许是找到正确答案的线索。

【A】

很高兴认识你。我叫某某，是一名按摩师。

我在横滨的一家小店工作了 10 年左右。

将来，我想利用自己的技术开一家全国连锁的按摩店。

【B】

很高兴认识你。我是某某。我可以瞬间判断出一个人身体的哪个部位很累。

因为，作为一名按摩师，在过去的 10 年里，我已经为 1 万多人的身体解除了病痛。

如果你不介意，我想检查一下你的肩膀。

你明白了吗？【A】是"最弱模式"，【B】是"最强模式"。

为什么会这样？我现在就解释一下。

从现在说起还是从未来说起

两种模式的简单结构如下。

【A】现在→过去→未来

【B】未来→过去→现在

【A】从现在出发，谈未来，而【B】则从未来出发，以现在可以做的要求结束。这两种自我介绍看起来相似，但却有着天壤之别。

最大的区别在于：能否表达出在双方的共同"未来"中，自己能"提供的价值是什么"。

我们从第一行开始进行比较并具体解释这两种模式。

【A】很高兴认识你。我叫某某，是一名按摩师。

这是一句标准的自我介绍开场白，毫无疑问，大多数人都会从这里开始。首先你要说出自己的名字，然后告诉他们你现在任职的公司、部门、职位等。

【B】很高兴认识你。我是某某。我可以瞬间判断出一个人身体的哪个部位很累。

　　从一开始，你就简要说明你能在"未来"为对方提供什么价值。因为你知道你和对方之间会产生的"未来"，所以埋下了你是"按摩师"这个伏笔，让对方在想"这个人在说什么啊"的同时，对你产生了好奇和期待。

　　最强自我介绍的第一步，就是要能从"未来"说起。能呈现"提供的价值是什么"的人，便可以不断地说出自己独特的价值和意义。但是，也有一些人在展现自己的价值方面仍然感到困难，他们可能是学生或没有这方面经验的职场人。在这种情况下，你可以简单地提出自己对未来的"目的和信念"，比如你未来想做什么，也会有一定的效果。

为了揭示未来的"过去"

　　现在我们来比较一下第二行。在这两种模式中都提到了"过去"，如过去的成就和经历。同样是"过去"，但只要采用不同的短语和表达方式，你给对方留下的印象就会不同。

　　【A】我在横滨的一家小店工作了 10 年左右。

　　【B】因为，作为一名按摩师，在过去的 10 年里，我已经为 1 万多人的身体解除了病痛。

　　通常，"过去"的事被认为是比较容易描述的，因为你可以直接告诉别人你的事业和成就。但是，因为容易描述，所以要区别对待。如何用直白的话语让对方明白？关键在于你如何创造期望值，引导下一步的工作。

　　【A】模式提到了经营的内容，如地区、店面规模等。【B】模式给出了具体服务过的客户数量和能提供的价值，这增加了第一行提到的内容的可信度。我并不是说告诉别人你所处的地域或所在企业的规模是错误的，但是为你的第一行说明所提示的"你能提供的价值"提供对应的依据也非常重要。

给对方的"现在"留白

第三行写的是什么？这是你介绍的结论，第三行的关键在于"能否带出接下来的发展"。换句话说，对方是否对你感兴趣，是否向你提问，是否能听懂你的话。

【A】将来，我想利用自己的技术，开一家全国连锁的按摩店。

【B】如果你不介意，我想检查一下你的肩膀。

【A】模式从自己的立场出发，讲述了自己未来的目标和愿景；但【B】模式则是"请求"。换句话说，它包括了你面前的人"现在"能做的事情和你对他的请求，对方对【A】和【B】的认知自然会有所不同。

如果你单方面地谈论自己的事业和向全国扩张的目标，你很可能会听到："我明白了，我明白了……"交流就会陷入死胡同。但是，如果你在与对方的交流中，根据语境自然而然地谈及自己的梦想和目标，比如提出对"未来"的"请求"，这部分内容就能与你在自我介绍之后交流的内容联系起来。

另外，不管你是否真的提供肩部按摩服务，"如果你不介意，我想检查一下你的肩膀"这句话都会给人一种你对自己的按摩技巧很有信心的印象。即使他不让你检查他的肩膀，也会和你聊起来。

人人都想成为主角

人们很容易会"把自己当成主角"。如果你是一个才华横溢的人，或者你的名气非常大，那么这样想，问题不大。然而，很多人的情况并非如此。在自我介绍中，"一味地自说自话"听起来会让人觉得是在吹牛，然而谦虚的姿态会让人觉得是在贬低自己，甚至可能会给对方留下负面印象。

【Ａ】模式也许可以在演讲和发言中运用，但在自我介绍中，它是最弱模式，也是阻碍你与对方建立未来的模式。

自我介绍的中心是你和对方的"未来"。如果你过于侧重其中一种或另一种，就不行了。

作为参考，我以自己为例。

我进行自我介绍的目的是让大家对我举办的活动感兴趣。

【未来】我相信，在未来，每个人都可以不受企业组织束缚而是自由地工作。

【过去】在过去的 6 年里，我一直在开展一项名为"工作方式的'富士摇滚音乐节'"的活动，这项关于工作方式的活动吸引了 3 万多人参加。许多人从这项活动中获得了自立的能力。

【现在】如果可以，让我成为支持你自立的第一位伙伴可以吗？请务必参与我的活动。

用"动词"代替"名词"

在前文中，我们已经看到了按"未来→过去→现在"顺序说话的效果。请尝试按照这个模式升级你的自我介绍。此外，还要记住一个重要的事情，那就是用"动词"代替"名词"介绍自己。在最弱模式【A】中，他主要使用了"名词"，如他所在的公司和职位。而在最强模式【B】中，"动词"起主要作用。我们再看一次例文。

【B】

很高兴认识你。我是某某。我可以瞬间判断出一个人身体的哪个部位很累。

因为，作为一名按摩师，在过去的10年里，我已经为1万多人的身体解除了病痛。

如果你不介意，我想检查一下你的肩膀。

在应该先说自己是"按摩师"的地方，他却用了"判断"这个动词。而且，在这个自我介绍中，按摩师的本质价值不是"按摩"，而是"判断疲劳部位"，这让人觉得这个人非常独特。

一家公司或一个头衔可以框定一个人的个性。人们一旦陷入框架就会停止思考。血型就是典型的例子之一，它把人简化成四种类型，比如"因为他是 B 型血啊""A 型血的人就是这样的"，会让人们忽略重要的事情。

人们可以通过动词打破常规思维。灵活运用动词思考是一种思维方式，它不仅仅会丰富你的自我介绍，还将丰富你的人生。

"那么请用动词做自我介绍吧"，你可能突然觉得这很难开口。现在，我将告诉你如何使用动词做好自我介绍。为了使解释更容易理解，我把动词转换成英语单词，都是些简单的英语单词。

让我们按照"未来→过去→现在"顺序，用下面的动词做一个自我介绍。

未来 = I believe that…（我相信……）

过去 =I make that…/I change that…（我可以创造 /改变……）

现在 =I help that…（我能帮助……）

然而，你可能还是会问："这是什么东西？"接下来，我们将逐一详细了解，请大家一边读一边思考如何使用它们。

你想创造什么样的未来？你为什么要这样做？

你要怎样去创造未来？依据是什么？

面对未来，你需要做什么？

通过回答这些问题，我们掌握了"最强的自我介绍模式"。

我相信："未来"的创造方法

在谈论肉眼看不见的未来时，到底应该考虑什么？这是指"你相信什么"之类的信念。不要把它看作一个依靠证据或数据的解释，而是看作你对问题的认识，以及你对未来不确定、不可预测的时代的解读能力。

因此，如前所述，回答时使用"相信"（Believe）是很重要的。

考验你的解读能力，引导出只属于你的"相信"（Believe），请尽可能用10个字以内的文字简要回答以下这个问题。

问：您认为未来是一个"怎样的时代"？

答：我认为，未来将是一个 ⬚ 时代。

你感觉如何？回答这个问题不一定要精通政治和经济，也无须深入解读社会形态。在日常生活中，只要多读书，或者把身边的细微之处用文字表达即可。请放松地回答。

"我认为接下来将是 ×× 的时代，你觉得呢？"如果你能自然地表达你的想法，你就能通过调整你的假设与对方进行更深入的交流。

对了，"现在是 ×× 的时代"这句话是一个撒手锏，能强烈地引起对方的兴趣。你的答案越独特，听到的人就越会想听背后的理由。这也是你在面试和演讲中可以使用的最有效的技巧之一。请务必活用它。就我而言，答案如下。

答：我相信，每个人拥有一家公司的时代已经到来。

因为我预见，公司与个人的关系将从"个体为组织服务"转变为"组织为个体服务"。

"一个人的公司"不是说你要创业，而是一个比喻。它意在说明，即使你是公司的员工，也要具备管理者的眼光和意识。

同样，这种时代观也可以是一种假设，每个人都有不同的答案，请根据时间和情况灵活变动。你对这个时代有什么看法？请写在图3-2中。

我认为，接下来是

—————————————— 的时代。

图3-2　你对这个时代的看法

不过，对于那些无论如何都觉得这个问题难以理解的人，我想向他介绍一种方法：在网上搜索"21世纪"和"时代"这两个关键词，就会得到各种各样反映时代特征的介绍。例如，游戏时代、文化时代、感性时代、女性时代、口碑时代、环境时代、生命科学时代、知识产权时代、资源争夺时代、素食时代等。

这些说法只是我们看待时代的众多方式中的一部分。无论如何，你都要考虑自己独特的时代观，尽量选择能给听众留下良好的违和感的词语。你可以仔细观察，在我们的日常生活中，就有很多可以转化成答案的提示。

我可以创造 / 改变：如何创造"过去"

接下来，让我们看看如何向别人讲述你过去的工作和成就。我们将用动词来描述我们的工作，但首先，我们要思考什么是工作。在这里，我借鉴了村山升先生所著的《工作哲学图鉴》一书中对工作的定义，即工作是指："与做之前相比，创造了某种价值的行动。"而价值的创造，则有以下三种类型。

- 增加或减少"A → A±"
- "A → B"的转化和改变
- "0 → 1"创造

工作的价值是由工作前和工作后的差异决定的

一项工作总有"前"和"后"之分，问题在于这两者的区别创造了什么价值。村山先生解释说，价值主要分为三类，工作是由这三类组合而成的（见图 3-3）。在此，我向大家解释一下具体情况。

"增减"是指对"A"的加法或减法。例如，有通过销售产品提高销售额的工作，也有通过增加或删除功能提高产品性能的工作。

"改造或改变"是指把 A 的形状改变成 B 的形状，包括改变外观、改变做法和改变规则等。

增减

· 量的增加/减少
· 程度的增强/减轻
· 内容的提升/降低
······

创造

· 新建
· 发现/发明
· 提出打破现存
　想法的创意
· 确立独创的
　表现方式
······

A ➡ A ±

0 ➡ 1

A ➡ B

变形·变质

· 改变外观　　· 改变品质
· 改变做法　　· 组合
· 改变规则　　· 编辑收集
· 改造　　　　······

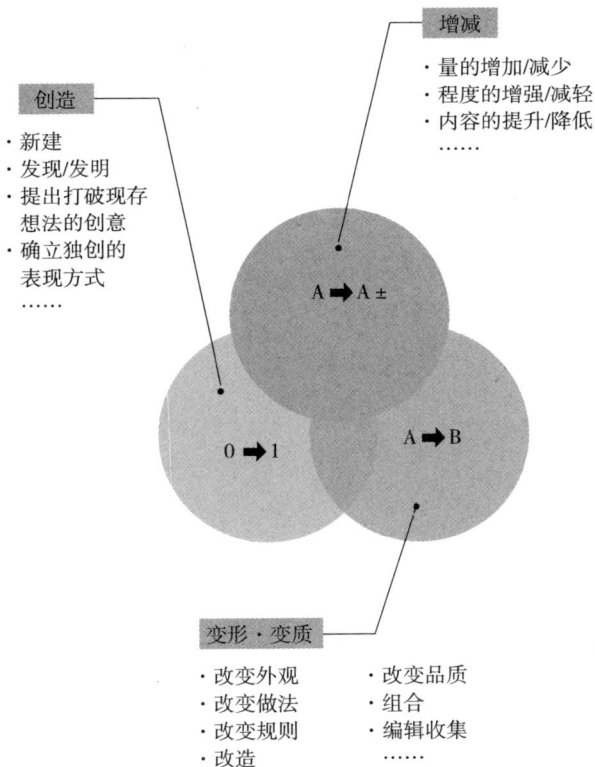

图 3-3　工作的三种类型

资料来源:《工作哲学图鉴》(村山升著 / 若田沙布绘图)。

"创造"就是把 0 变成 1 的工作。它不是指创客或设计师，而是指创造出以前不存在的新产品和新服务。发明也被包括在这一类中。

当你想到自己的工作和成就时，要敢于运用这三个类别，用动词思考。动词包括制作、改变、发现，这样做可以帮助你发现更多的工作。如果你能找到属于自己的独特动词，比如"按摩师 = 判断"，那么你就很幸运了。

虽然我在这里以工作为例，但不一定必须是你工作中的成就，也可以是第一行中"未来"所对应的"你能提供的价值"的基础。

我能帮助："现在"的创造方法

现在，是时候结束你的自我介绍了。你需要说些什么才能与对方共创未来？

在本节中，我们将使用动词"帮助"和"贡献"。这是因为，只有在存在合作伙伴并被合作伙伴感谢的情况下，工作才算完成。你从别人那里得到什么样的感谢？你在做什么贡献？这些问题的答案是你工作的本质，也是你职业的根基。所以，我在这里将用"帮助"（Help）了解你的"现在"。

例如，如果你是一名警察，你可能是在帮助维护社会安全，创造平安的日常生活；如果你是花店老板，你可能是在帮助人们创造日常生活中的小幸福，为生活增添色彩。你能贡献什么？

然后，当你知道自己能贡献什么后，就可以向你需要进行自我介绍的人询问需要什么帮助，就像"我可以检查一下你的肩膀吗？"如果从答案中发现有什么可以帮助他们的地方，就请帮助他们。小小的贡献会带来大大的贡献！

虽然有点跑题，但我觉得理想的工作是"让自己心情雀跃"和"被他人感激"有重叠部分的工作（见

图 3-4)。并且重叠的部分越多，工作的积极性就越高。如果两者之间没有重叠，工作就会出现问题。

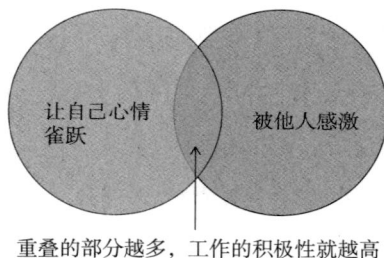

重叠的部分越多，工作的积极性就越高

图 3-4　理想的工作

如果你因为一件你喜欢做的事情，哪怕只是一件小事，得到了赞赏，那么对于今后的工作来说，这是非常宝贵的经验。为了未来，希望你能重视这些需要小心孵化的机会。

自我介绍的"黄金圈法则"

我按照"未来→过去→现在"的顺序用动词思考，

并引入了自我介绍的"模式"。

　　其实，最强的自我介绍模式是"黄金圈法则"（见图3-5），这也是西蒙·斯涅克（Simon Sinek）发表题为"伟大的领袖如何激励行动"的演讲的基础。你可能听说过这个热门的演讲视频。他认为，人们不是被"做什么"（What）感动，而是被"为什么要这样做"（Why）感动，按照"为什么要这样做→怎样做→做什么"的顺序来传达思想，在生物学上是有效的。

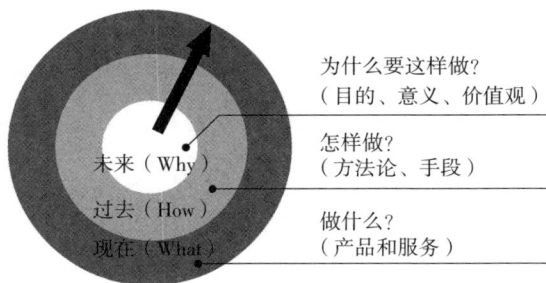

图3-5　黄金圈法则、

资料来源：笔者根据《伟大的领袖如何激励行动》制成。

在自我介绍中，【未来】就是 "Why"，因为你思考了 "你会创造什么样的未来，为什么"，并且把它付诸文字。【过去】是 "如何创造未来" 的部分，对应 "How"。而【现在】是 "做什么" 的具体行动，与 "What" 相对应。

【未来】→ Why

【过去】→ How

【现在】→ What

然后是 "做什么"。从图 3–5 中可以看出，说话的顺序是由内向外的。

如果你觉得难以用 "未来→过去→现在" 思考，那么你可以尝试使用 "为什么要这样做→怎样做→做什么"。

斯涅克指的是什么呢？我们以苹果公司为例说明黄金圈法则。

【未来】：我们所做的一切都基于我们相信自己可以改变世界的信念。我们相信，与他人不一样的思考是有价值的。

【过去】：这就是我们改变世界的手段——创造设计优美、使用简单和上手容易的产品。

【现在】：我们就是这样创作出优秀的电脑，甚至进行革新的，您觉得如何？

你可以在视频网站上搜索这个演讲，请务必参考一下。

人们之所以对苹果公司充满热情，是因为他们对苹果公司对未来的愿景感同身受。这就是一个以【未来】开始的故事的力量。

正如我在本章开头所说的那样，讲故事的方式没有对错之分。然而，通过对古今东西沟通方式的研究，我们得出了"模式"这个工具。通过使用这个工具，你可以拉近与交流对象的距离。

不受头衔或隶属关系的束缚，使用动词自由思考，与对方谈论"未来""你能提供的价值"。这直接关系到自我介绍的本质——"创造价值"。这是"自我介绍

2.0"最大的乐趣。

在第四章中，我将聚焦自我介绍中的"自我"，用七种道具尝试探索"你到底是怎样的人"。

第四章

帮助你了解自己的
七种道具

自己是谁？为了让对方知道自己是谁，我们有必要先了解自己。为此，我们必须先对目前获得的经验和自身的职业生涯进行盘点。本章将帮助读者通过"了解"自己，获得深入自我介绍的七种道具。

自我"盘点"

我想很多人都想更好地与自己沟通，但又觉得自己不够了解自己。在前三章中，我们一直通过"如何沟通"接近"自己的外在"，但从本章开始，我们将接近"自己的内在"。

首先，我们来看看"自己"的写法。在日语中，"自己"写作"自分"，即"自我分辨"。这意味着我们必须用自己的价值和标准来分辨自己。你对自己了解多少？

在这里，我想请大家注意日语"分辨"一词的由来。其中带有一个"分"字，因此可以说，"分辨"就是通过"分解"明确一个事件。另外，"分辨"的反义词就是"不能分辨"。"不能分辨"就是"不能分辨的状态"，可以说这是因自己心中的混沌而产生的一种无法分辨的状态。

换句话说，要想"分辨"自己，就要"分析"自己。这样，我们就能认识自己。

本章我们将对自己进行一次盘点，以此认识自己。为了让盘点工作顺利进行，我准备用七种道具来"分辨"自己。

社会人极少自我分析

那么，应该如何"盘点"自己？我们可以考虑从观察自己开始。

一个简单易懂的例子就是"自我分析"，这种情况一般会在找工作时出现。通过客观地了解和分析自己的优势、劣势、价值观等，你可以找到适合自己的公司并进行自我推荐。如果你是一名学生，你可能会在回顾过去的经历时，把重点集中在学校的功课上，很多结果都是通过反复努力得出的。我相信很多人都有过艰苦学习的经历。

但是，请你考虑一下：作为一个工作多年的成年人，你有多少次"自我分析"的机会？大多数人可能会发现，自己至今没有机会认真地面对自己。

即使经过 5 年、10 年的历练和职业发展，如果你不回过头来整理自己的"进步"，最后依旧可能出现"职业生涯的爆仓"。

为了更好地了解自己，对自己进行一次盘点是很有必要的。在回顾自己走过的路和事业轨迹时，你可能会发现自己曾经遗忘的经历和价值。只有时过境迁，自己在冷静下来之后，才能正视当时的想法和感受，用自己的方式梳理它们的意义。

"盘点"二字，听起来好像很麻烦，但是不用担心。如果你使用我即将介绍的用于盘点的七种道具，你就能分析自己，享受自我盘点的乐趣。这不是太复杂的事，也不是什么独创的方法，我用一种任何人都能轻松做到的方式，来介绍大部分人都喜爱并使用的方法与工具。

在开始使用七种道具之前

盘点的基本方法是把事情写下来。在心理学中，这被称为"思考外化"。通过写下来，你可以了解自己在想什么、感觉如何。

通过写下自己的想法和感受，你可以让自己与自己的想法和感受产生距离，可以客观地看待自己。我鼓励你尽可能地写下自己的想法和感受。

在介绍七种道具之前，我与你有一个简单的约定。那就是：不想做的时候，你可以随时停止。

这是唯一的规则。

面对自己需要投入很多的精力和时间，所以请你尽量做到轻松地说"我累了，休息一下吧"或"改天再做吧"。不要勉强自己或只追求"完成"的形式，我们应该打开心扉，乐在其中，以"我想知道我自己是谁"的好奇心去积极面对。

七种道具之一：自我分析表

第一步是要找出自己在自我介绍中"感觉自己薄弱的点"。通过填写"自我分析表"（见表 4-1），你可以量化自己感到薄弱的地方，分析自己有哪些倾向。

表 4-1　自我分析表

各项目满分为 10 分

非常同意的，得 10 分；说不清的，得 5 分；完全不同意的，得 1 分

项目	列1	列2	列3	列4
1. 因为害怕失败而不敢说话	☐			
2. 时而口若悬河，时而突然说不出话	☐			
3. 说笑话说得太多，内容变得肤浅				☐
4. 对话的气氛无法热烈起来，跑题了			☐	
5. 无法传达重点，说话没有条理		☐		
6. 不知道要说什么			☐	
7. 递名片后就无话可说了		☐		
8. 因为贫嘴，话说太多了		☐		
9. 越说越大声，过于表现自己				☐
10. 感觉与周围格格不入				☐
11. 只能听别人说话，说不了自己的事	☐			
12. 约见了很多人，但无法达成合作			☐	
合计	☐	☐	☐	☐

第一步：填写数字

对每一项进行 10 分制评分，并在方框内填入 1~10 的数字。非常同意的，得 10 分；说不清的，得 5 分；完全不同意的，得 1 分。

第二步：在合计栏中，填入总分

当你填写完所有项目的得分后，接下来沿纵轴将分数相加得出总分，并填入相应的位置。从左到右，诊断结果与"自我肯定""战略能力""观察能力""变现能力"有关。

在这些能力中，各项能力的满分均为 30 分，你得了多少分？

认清自己的弱点

在自我介绍中，我们把弱点分为以下四类：自我肯定、战略能力、观察能力、变现能力。哪一项分数最高，代表你最不擅长那一项。下面请看看你是哪种类型的人。

①"自我肯定"得分高，意味着缺乏自信，多虑。

②"战略能力"得分高，意味着不能突出地表达要点和目标。

③"观察能力"得分高，意味着不了解自身特点。

④"表达能力"得分高，意味着在沟通方式和语言使用方面容易出错。

你发现自己的弱点了吗？在"自我肯定"中，我的得分最高，再次确认了自己的薄弱环节。即使你的弱点被凸显出来，你也不必气馁。你要客观地看待这个问题，问自己："我在这方面是不是有什么不足？"很多人隐约感觉自己不擅长做自我介绍，却又不知道为什么不擅长，所以我们应该从接受自己具体的不擅长之处开始。

汇总自我分析表的结果后，我发现似乎很多人都觉得自己的弱点是"战略能力"和"观察能力"。所以，在本书中，我将尝试把升级自我介绍的重点放在"战略能力"和"观察能力"方面。发展这两项技能，也会推动另外两项，即"自我肯定"和"表现能力"的提高。

"自我肯定"可以通过练习自我介绍，逐渐积累自信，直到有所突破。"表现能力"也不是一开始就能练就的，在获得最终成果前，需要不停地实践。

首先，你要了解自己，并能自然而然、恰如其分地告诉别人自己的情况。只有这样，你才能在自我介绍中自如地进行表达。

七种道具之二：为名字赋予意义

你的名字是你最熟悉的自我介绍项目。你可以从你的名字中，想出一个你独有的标题或主题。每次只取一个汉字（或字母①），再加上自己独创的解释，就可以创造独特的自我介绍。

---

① 日语原文为平假名。——译者注

比如，我用我的名字"横石崇"来解释。我将逐字拆解这三个字并分别为它们赋予意义。赋予的意义可以用自己的解释。如果可能，我建议你尽量给予积极的解释，而不是消极的解释。

横：横穿（综合能力）/能扁平地思考。

石：像石头一样坚强/坚韧。

崇：让人崇敬/像山一样崇高。

然后，把各个分解的意思连成一段话，就成了你的自我介绍。在理想情况下，按名字的顺序从头开始组合这句话最好，但如果有更适合讲故事的顺序，也不需要严格遵守从头开始的顺序。

我根据自己的名字，想出了下面这段话。

我喜欢在不同的领域"纵横"往来，我的个性像石头一样坚强，不想被任何东西束缚。为了创造一家让大家都"崇敬"的公司，我一直在迎接新的挑战。

即使解释有一点牵强也没有关系，能自圆其说就好。

前面提到的石川善树也尝试了一下，并提出了自己独特的自我介绍。

不像石头，也不像川流，更不伪善，我只想做一棵挺直腰杆的树。

了解一个人的生存方式和态度，真的是一件很有意思的事。我问过很多人，大多数人都能轻松地做到，也许是因为这是他们熟悉的名字。现在，请用你自己的名字试试吧。

用自己的名字编个故事

第一步：在图中写出自己的名字。

第二步：得出与每个字母相关的关键词。

第三步：根据关键词写成一段话。

具体内容见图 4-1。

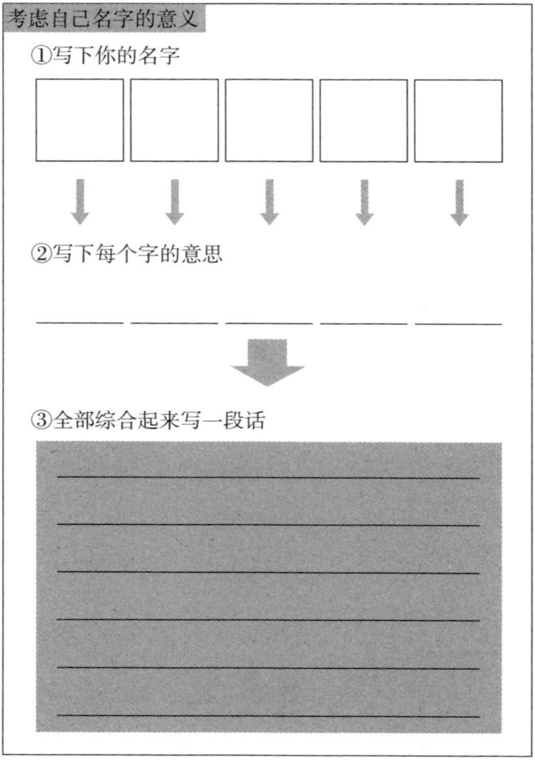

图4-1 考虑自己名字的意义

资料来源：根据《厉害的自我介绍》（横川裕之、泰文堂）改编。

你从汉字中提取的意思可以根据汉字的词源或印象而产生，也可以尝试用英文代替，还可以用名字的第一个字母作为首字母造句，就像"字母歌"一样。这个道具的使用重点是要尝试用自己的思想和理念为文字赋予意义，而不是被父母给你的名字和意义束缚。

你觉得怎样呢？如果把这里创造的自我介绍语作为自己的人生主题，也许会很有意思。设置这个独特的主题将为你的名字和你的生活方式赋予新的意义。

将意义逐一编入名字的每一个字中，你就能创造出一个独特的自我介绍。从你的名字出发，你可以创造你自己的故事并讲述它。

七种道具之三：品牌形象

你认为自己是谁？你的"自我"是什么样的？让我们一起思考难以表达的"自我"。这个道具是住在洛杉矶的品牌设计师汤姆·奥基诺（Tomo Ogino）教给我的。

"自我"可以通过企业品牌的形象引导。这里所说的"品牌"，并不仅仅指部分高端时尚品牌。你每天去的便利店、喝的饮料、穿的衣服都会有一个品牌，不管这些品牌是公司名称还是产品名称。

你喜欢什么样的品牌？这个问题意外地难以用语言表达吧。喜欢什么品牌的理由不仅包括"为什么喜欢"或"为什么信任"这些评价，还包括我们利用声音和气味等五感，感知到的品牌所散发的"世界观"。就像品牌一样，在人与人之间的关系中，你也不会只凭逻辑去喜欢一个人。

这个"道具"要求你想一想，如果你是品牌，你会尝试表达什么，你想成为什么样的人。这样的方式能够揭示每个人对世界的独特看法，比如想成为什么人、想如何工作。

在工作坊中，我们会准备 100 张左右的卡片，卡片上印有各种品牌的标志，由于本书无法准备卡片，所以我们加入了一份"品牌清单"（见表 4-2）。具体品牌如下。

使用这些卡片的具体步骤如下。

第一步：直观地将所有品牌标记为"像自己"和"不像自己"两种模式。如果没有像你的品牌，请在空白处添加你喜欢的品牌名称。

"像自己"→〇

"不像自己"→ ×

第二步：缩小选择范围，从你标记〇的品牌中，选出三个你觉得"更像你"的品牌，再标记一个◎。

第三步：对比查看你精心挑选的三个品牌，写下你选择每个品牌的原因。

第三步的关键是思考，为什么你对这个品牌的感觉是"像自己"，而不仅仅是"喜欢"和"不喜欢"。重点不在于你选择了"什么"，而在于"为什么"如此选择。通过用语言表达"为什么这个品牌像自己"，你可以获得更深层次的洞察力。

表 4-2 找到像自己的品牌

苹果	谷歌	微软
英特尔	Adobe	亚马逊
软银	NTT Docomo[④]	Au[⑦]
乐天	DeNA[⑤]	IBM
可口可乐	红牛	伊藤园
虎屋	森永制果	茑屋书店
Hobonichi[①]	东急手创馆	中川政七商店
Zozo[②]	三越伊势丹控股[⑥]	三井地产
伊藤忠商事	丰田	本田
梅赛德斯 – 奔驰	法拉利	瑞可利[⑧]
电通	博报堂	麦当劳
星巴克	吉野家	迪士尼
奈飞	环球影城	皮克斯
AKB48[③]	杰尼斯	路易威登
香奈儿	拉夫·劳伦	Supreme[⑨]
优衣库	ZARA	吉田包
宜家	NITORI[⑫]	无印良品
美国运通	维萨	高盛
佳能	索尼	松下
三星	乐高	任天堂
Facebook	Instagram	Youtube
Twitter	LINE	耐克
阿迪达斯	巴塔哥尼亚	亚瑟士

（续）

劳力士	卡西欧	ANA
罗森[10]	埃森哲	7–11
东京大学	全家	日航
斯坦福大学	京都大学	牛津大学
虹夕诺雅[11]	爱彼迎	UBER
宝洁	资生堂	POLA
Mercari	吉卜力工作室	吉本兴业
晴姿	雅虎	RIZAP[13]
	三得利	麒麟
品牌名①	→	理由
品牌名②	→	
品牌名③	→	

注：① Hobonichi 是一家日本的行事历生产商。
　　② 日本著名时尚购物平台。
　　③ 日本大型女子偶像组合。
　　④ 日本一家电信公司。
　　⑤ 世界领先的网络服务公司。
　　⑥ 一家日本的百货公司。
　　⑦ 日本一家类似中国电信的公司。
　　⑧ 日本最大的资讯媒介提供商。
　　⑨ 美国潮牌。
　　⑩ 日本便利商店。
　　⑪ 日本奢华度假村。
　　⑫ 日本家喻户晓的家具连锁品牌。
　　⑬ 日本健康集团有限公司旗下的子品牌，以塑身、减肥事业为主。

将"像自己"语言化

在我的案例中，我选择的品牌是"英特尔"和"吉田包"。下面是我用自己的方式考察到的原因。

英特尔是个人计算机中央处理器（Central Processing Unit，CPU）的领先制造商。这家公司有一个著名的广告语"Intel Inside"。

在日常生活中，我们可能没有切身感受到英特尔产品的存在，但我们每天使用的电脑中确实有英特尔的产品，而且这些产品发挥着至关重要的作用。我与英特尔的相似之处在于，我喜欢大家这样评价我："谈到独特的项目，总是和横石君相关呢。""高质量和让人安心。"我像英特尔一样能为他人带来"特别的存在感"。

以波特等品牌著称的吉田包，不仅在品质上出类拔萃，而且在合作方面上也很出色。在源自日本的品牌中，吉田包最擅长与国际时尚品牌和运动厂商跨界合作。我对待工作的信念是"希望成为想开始做点什么的人的第一个朋友"。所以，每次看到吉田包的合作项目，我都很受鼓舞。

曾经有一位工作坊的学员提到"吉野家""法拉利""亚马逊"。我问他为什么提到这三个看似毫无关系的品牌？他马上回答："因为它们都很快速，'快速'是一个重要的工作价值。我已经意识到，这是一种优势，也是我的骄傲。"他笑着说："我非常喜欢这三个品牌列在一起的感觉。"

通过品牌，你可以找到难以用语言表达的"自我"。如果你有一个亲密的朋友，我建议你们俩一起做这项工作。你可以问对方为什么选择这个品牌，你会惊讶于你的发现。

七种道具之四：人生就是一个甜甜圈

到目前为止的人生中，有哪些人对你产生了很大的影响？我相信，作为你人生转折点的事件应该不是你一个人经历的，在这件事中，你一定得到了别人提供的帮助、机会和暗示。

这个道具是一种帮助你将身边重要人物"可视化"的方法，让你通过与他们共同经历的事件认识自己，通过了解他人探索自己，步骤如下。

第一步：创建 $9 \times 9 = 81$ 个正方形（9 个 3×3 的积木，见表 4-3）。

第二步：在中心块的中间方格写上自己的名字，并在周围写上 8 个受其影响的人的名字。

第三步：将 8 个名字分别写在其余各块的中间。在他们身边的 8 个方块中，写下与这个人的一件事，对你有影响的事、一句话或他给你留下的深刻印象。

影响你的人可以是任何人：家人、老板、同事、朋友、在社交媒体上关注的人等。

（A）　　　　　　表4-3　将对自己重要的人"可视化"

工作的认真度	人生和跑马拉松一样	很早回家	策划是情书	用虫的眼睛、鸟的眼睛、鱼的眼睛思考	择日不如撞日	保持触觉敏锐	书本是老师	不隐藏自己的弱点
一起看电影的时候哭了	A某	比理论和感性要温柔	重视平等性	B某	珍惜日常的违和感	经常积极思考	C某	谈话时说话占一成，倾听占九成
妻子是下单的人	孩子是未来	唱歌好听的人会有出息	隐藏的努力不可或缺	不要忘记打招呼	对所有的工作负责	不考虑回报	出门旅游	要有拒绝的勇气
健康第一	细工慢活更用心	付出最小的努力获得最大的结果	A某	B某	C某	经常考虑为什么	立即行动	每天一个挑战
珍惜与人的联系	D某	保持笑脸	D某	横石崇	E某	不要忽视准备工作	E某	反省不可或缺
灵感来自细节	擅长称赞人	保持不动摇的心	F某	G某	H某	对什么都保持兴趣	每天走捷径	不要不懂装懂，要多问
工作的目标是擅长聆听	自立就是增加可以依赖的人	创造一个人的时间	对什么都保持兴趣	不要忘记关心别人	不要对工作定性	造成让人开心的"困扰"	百闻不如一验	接触世界的文化
用自己的名字工作	F某	整理与整顿不可或缺	不要强行干预后差的做法	G某	坦率	经常预估未来	H某	明确地表达自己的意思
学习英语	休息时，会彻底休息	便利贴不可或缺	对工作和私生活都保持惊喜的精神	把爱好变成工作	要把梦想说出来	学习历史	对每个人都保持尊重	困境时要有互相帮助的精神

（B）

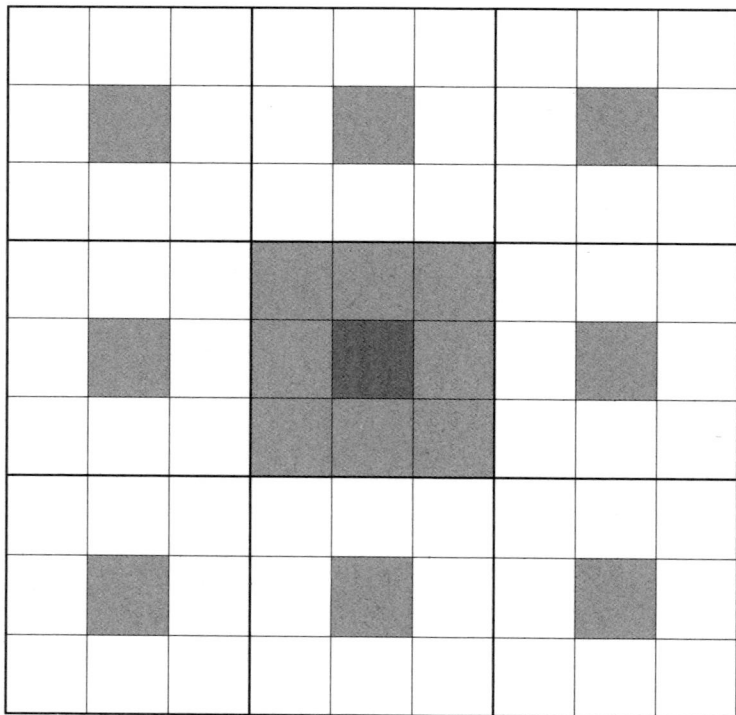

人生中最重要的事情，在自己与他人的"关系"中

我在表 4-3 中使用了一种叫作"九宫格"的思维方法。

自己的存在就像甜甜圈中的一个洞。其实，你应该能从这张图中感受到，是你身边的人塑造了你"自己"的存在。

前段时间，我背着背包环游世界，我想知道"自己是谁"。这是一次所谓的"自我发现之旅"。回想起来，我在那段时间当然没有找到关于"自己是谁"的答案。但是，当我回到日本时，我无意中看到了一句话，这句话塑造了今天的我。

"人生就像甜甜圈。周围都会是自己喜欢的人，因为让周围的人变得多样，自己也获得了成长。"

这是 Loftwork 公司 CEO 林千晶所说的话，该公司是一家引领开放创新的创意公司。我喜欢的食物之一是甜甜圈，但当我听到这句话的那一刻，我才明白，如果人生有形状，我人生的形状可能就像甜甜圈一样。甜甜圈（自己）的洞是由甜甜圈（周围的人）圈成的。对我来说，这就是"自己是谁"这个问题的答案。从此，通过精心维护自己与周围人的关系，我切实地感受到了"自己"的存在。

这个道具可以让你再次确认你从周围的人那里得到的影响大小。这也会使你对那些给你带来这种影响的人加倍感激。请大家尽量回想与对方的种种境遇，享受其中的快乐。

七种道具之五：职业算法

山越高，谷越深。光线越强，影子越浓。人生，总是有起有落，有光有影。

我要介绍的第五种道具"职业算法"，就是在一个坐标轴上画出人生正负值的活动。这项活动在职业教练中广为流传，但在这里我想重点探讨的是你人生中的低谷，以及你如何将它们转化为积极因素。在这些转折点上，有关于所有人"恢复故事"的暗示。

我曾和雅虎公司的雅虎学院院长、畅销书《一分钟说话》的作者伊藤羊一先生共同出席过一次演讲会。当时，伊藤先生向我讲述了他的职业算法。此处省略一些内容，我想分享的是，伊藤先生向我讲述了关于恢复的契机，他说"当我处于低谷时，一直是我的朋友们救了我"（见图 4-2）。

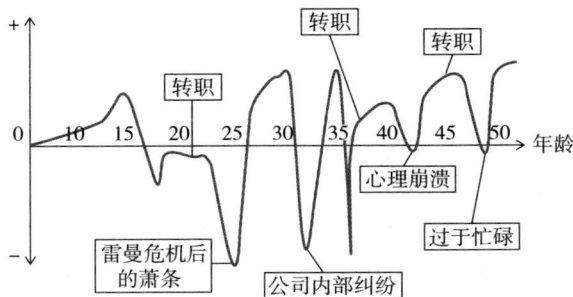

图 4-2　伊藤羊一的"职业算法"

资料来源：伊藤羊一。

　　顺便说一句，当我从低谷中恢复时，我总是要出远门旅游。我会去一个陌生的地方，和陌生人交流，听自己喜欢的音乐，偷偷地流泪，重置自己的身体和心灵。

　　通过做这个"职业算法"的活动，我把自己一直在无意识中进行的恢复的暗示表现出来，这让我有信心从未来的困难时期中恢复。有人说："云雨之上总有一片蓝天。"当你知道蓝天的存在时，你的心态会完全不一样。

　　只有知道自己曾经多次克服逆境，你才可能变得更强大。

　　什么是你恢复的契机？

　　首先画出自己的职业算法，标出过去正面和负面的事件；然后用线连接起来，创建一个算法（见图4-3）。如前所述，关键是回顾你的心态从消极转为积极时发生的事情。

写出从出生到现在发生的正面和负面的
事件，并用波浪线连接起来。

图 4-3　绘制自己的"职业算法"

锻炼抗压力

近年来，"抗压力"的概念在企业和教育界越来越
受到重视。"抗压力"包括"恢复"和"弹力"的意思。
最初，它被用于物理学和生态学领域，描述橡胶球被
挤压后如何恢复原状，或者各种植物在强风吹袭下如
何不折断并恢复原位。

"抗压力"后来成为心理学领域关注的焦点。

如果你知道自己可以通过这种方式恢复，你在应
对困境时就会更有余力。另外，有了这种放松的心

态，你也更不容易产生消极的心态。

七种道具之六：贴上容易被发现的标签

一些社交网站有一个名为"#（标签）"的功能。在与你的文章相关的关键词开头加上"#"，就能被识别为搜索词，让更多的人更容易找到它。例如，如果你发布的是一张彩虹与瀑布相映衬的照片，你可以添加可能与你的文章相关的关键词和短语，如"#七彩瀑布""#彩虹""#壮观""#彩虹瀑布"等。如果把英文也加进去，那么海外的人也能看到。

领导力培训的专家、普诺华总裁冈岛悦子提倡"职业标签"，通过将自己的"优势"语言化，并附上各种标签，如"说起某事就想到某某"，让自己在人们的大脑搜索中更容易被发现和回忆。

试着为自己的职业生涯加上一个标签。或许你只有一个头衔或职位，但你可以拥有不止一个标签，你想拥有多少个都可以。

在关注市场状况的同时，为自己的优势打上标签。但是，也有一些人不知道自己的优势在哪里。下面就为大家总结一下如何创建一个简单易行的标签（见图4-4）。创建标签的数量没有限制，但考虑到人们一次能识别的标签有上限，我建议将标签数量限制在七个左右。

①想一想自己的所属关系（所属标签）。

②思考自己喜欢的东西（爱好标签）。

③从自己擅长的领域和努力的方向进行思考（技能标签）。

"所属标签"包括你的工作、你的家庭住址和你所就读的学校。这是三种标签中最容易写的，所以先从这里开始。这是你的外在身份，也是最容易与他人沟通的标签。

所属标签　现在的所属和曾经的所属

> \#
>
> \#
>
> \#

爱好标签　你偏爱的、喜欢的、沉迷的东西

> \#
>
> \#
>
> \#

技能标签　你擅长的、正在努力的、比别人做得更好的东西

> \#
>
> \#
>
> \#

图 4-4　创建所属标签、爱好标签、技能标签

"爱好标签"应该是你在工作之外热爱的事物，是你沉迷的事物，是你觉得自己胜过其他人的方面；是如果被谁夺取了，被批评了就会很不甘心的事物。爱好标签以能表示你内在独特存在的、最能触动你内心的事物为中心。

"技能标签"是指你认为自己擅长的事情，或者别人认为你擅长的事情。它可以是任何东西，比如"我比任何人都知道如何使用多功能事务机"。你可以列出任何自己与他人不同的地方。

有了三个标签，谁都可以成为人才

教育改革从业者藤原和博先生建议，要想增加自己在市场上的稀缺性，可以对职业使用乘法。

"如果集中精力在一个领域工作，你就可以保证自己拥有百里挑一的稀缺性。不仅如此，如果你在不同的领域工作，又能保证百里挑一的稀缺性，那么两者相乘，你就保证了万里挑一的稀缺性。如果再多从事一个领域的工作，你又能实现百里挑一的稀缺性，那么你就实现了百万里挑一的稀缺性，计算过程如下：

$$\frac{1}{100} \times \frac{1}{100} \times \frac{1}{100} = \frac{1}{1000000}$$

标签也是如此。把你掌握的三个标签用自己独特的方式相乘，你就有可能成为百万里挑一的紧俏人才（见图 4-5）。如果你在事业上有一个钦佩的人，请想象一下他们的标签，然后问自己："为什么他们能如此成功？"

每个标签都是百里挑一的人才，三个标签相乘，你就能成为百万里挑一的稀缺性人才

#

#

#

图 4-5 给三个标签做乘法

例如，提到北野武先生，你会想到"喜剧演员 × 电影导演 × 演员"这样的标签组合。通过思考别人的标签，你可以识别他们的倾向，并区分自己与他人。

正如"一万小时定律"所说，根据工作的不同，想把一项事业做到极致，你需要花费近 10 年的时间，但在包括人工智能在内的技术快速革新的时代，这种思维充满了风险。你花了这么多时间想掌握的一项技能，很可能在你完全掌握之前，就已经失去了原有的价值甚至变得一文不值。为了防止这种情况的发生，你可以通过同时做多项工作和你想掌握的事情，获得新的发现，创造新的价值。

在开始做一件新的事情时，无论是一个人还是一家公司，往往都会在一开始就试图制订一个伟大的计划。他们在前期的调查、分析等工作中投入了大量的时间和人力。然而，在现实中，事情很少按照计划进行。

互联网时代产生了海量信息，而信息本身的价值是无效的，其价值只在于执行和实践。因此，我们不仅要在计划上投入时间和精力，更要在试错上投入人员和时间，也就是对实践中显现的问题进行修正。今后，要想学有所成，必须先动手。

标签也是如此。基于反复的失败和试错，你可以通过实践完善你的标签。我的标签"# 新的工作方式"经过多年的反复试错，已经形成。当然，我还在不断完善这个标签，其中的一个挑战促成了这本书以及"# 自我介绍"这个标签的诞生。你完全没有必要思前想后，当你骑车时，你是否会去思考它的机械理论和运行规律？最好的捷径就是尝试，跌倒了再试。

人工智能时代，我们更需要标签

标签与人工智能高度兼容。

我经营过一家人力资源咨询公司，但"人才介绍"中的大部分沟通工作都是手工完成的。实际上，在人才匹配环节，是中介先和应聘者进行面对面交流，然后中介根据自己的经验为应聘者匹配合适的工作和公司。当然，数据库是有的，但匹配的质量，最终还是取决于参与的"人"。

不过，今后企业的经营方式有可能发生很大的变化。在这个工作越来越复杂、节奏越来越快的时代，即使是在人与人之间进行匹配的专业人士，也越来越难以做到最佳匹配。企业所需要的人力资源与市场上人员的能力也有所不同。我们正在从人匹配人的时代，进入人工智能匹配人的时代。

例如，假设你拥有"＃工程师""＃爱美食""＃电影学习小组"等标签。人工智能会判断你"适合"一家计划推出美食主题视频社交平台的创业公司，并尝试为你匹配。

如今，随着被称为商务社交网站的领英、八方来客等针对商务人士的平台出现，越来越多的用户用自己在这些平台的标签代替自己的工作简历。他们也有自己的标签，社交图谱让他们更容易被发现，更容易在市场上进行匹配。

如果这种情况持续下去，未来我们可能生活在一个不用通过自己的努力就能发现自己"天职"的时代。如果我们对自己喜欢和擅长的事情充满热情，人工智能会在我们意识到这一点之前为我们发现。

有关人工智能如何优化人与工作之间的关系，目前还有很大的讨论空间。尽管如此，随着日本工作复杂度的不断提高和劳动人口的不断减少，探讨人工智能对工作的优化是不可回避的。

七种道具之七：重新定义工作的意义

七种道具中的最后一种用于帮助你"重新定义工作的意义"。这个工具叫作"Why 陈述"。通过帮助你重新定义工作的意义，你将获得一个全新的视角，了解你能为他人做出什么贡献并影响他人。它可以让你以超出你的工作范畴、以人生的角度谈自己。

有一个著名的寓言故事，叫"三位红砖工匠"（见图 4-6）。

问题：你在做什么工作？

图 4-6　"三位红砖工匠"的寓言故事

三位红砖工匠正在进行砌砖工作。有人逐一问道："你在做什么工作？"三位红砖工匠的回答如下。

第一位工匠："当然是在砌砖呀！"

第二位工匠："我在赚钱呀！"

第三位工匠："我正在建造将名留青史的伟大

的大教堂。"

毫无疑问，每一位工匠的回答都是对工作的描述，但每个人所讨论的目的都不一样：第一位红砖工匠专注于手头的工作，以至于手段变成了目的；第二位红砖工匠的目的是用于谋生的回报；第三位红砖工匠的目的是通过参与一项将持续几代人的项目，为世界做出贡献，把建造大教堂这件事当成"自己的事"。

这样，即使做同样的工作，你的工作动机也会根据你对这份工作的目的和意义的认识而改变。最后一个工具是让你用一个简单的方法回答工作的目的。请回答下列问题。

问：你工作的目的是什么？

答：通过 A ，达成 B 。

这是很简单的一句话。在 A 项中，你写下自己能为社会"贡献什么"，在 B 项中，你写下自己的贡献会对社会"产生什么影响"。

这就是提出"黄金圈法则"的西蒙·斯涅克（Simon Sinek）用来创作"如何陈述"的框架。明确自己独特的贡献手段，以及这种贡献带来的结果或变化，你就能阐述你工作和生活的意义。

你能为谁做贡献，你能产生多大的影响？根据这句话重新定义自己的工作和生活。

我们以星巴克为例。

星巴克以咖啡店起家，并通过重塑自身存在的意义拓展业务。星巴克将其存在的理由转换为"星巴克不是咖啡店，而是第三空间"。所谓"第三空间"，是指在家庭、工作或学校之外的"第三个空间"。星巴克旨在通过重视空间本身而非咖啡产品，打造一个舒适的生活空间。

如果我们使用之前的框架，会发现它是这样的。

答：通过提供名为"第三空间"的新场所，达成世界上最好的放松之地，让人们细细品味咖啡的美味。

后来，该公司还把公司名"星巴克咖啡"中的"咖啡"二字去掉，改名为"星巴克"。重现你的工作目的，并在每一个细节中体现，你的自我介绍也是如此。你应该抱着更宏大的目的，重新审视你的工作。

此外，根据西蒙·斯涅克的说法，在填空和表达你的信息时，下文介绍的四点需要注意。如果你在创作"如何陈述"（见图 4-7）方面想了解更多内容，我在参考书目中列出了书名，请务必读一下。

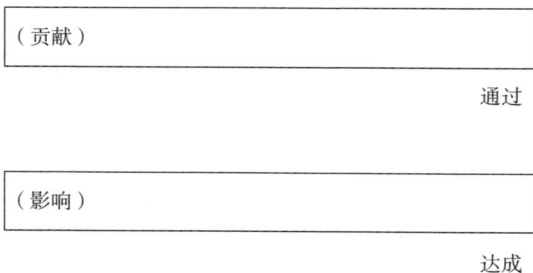

（贡献）

通过

（影响）

达成

图 4-7　创作"如何陈述"

资料来源：Find Your Why（西蒙·斯涅克等著）。

- 应该简单明了；
- 实际操作是可行的；
- 以自己带给别人的幸福为焦点；
- 用与自己产生共鸣的积极语言来表达。

用以上四点审视自己的工作，你能把目的拔得更高，重点设置得更远。如果你被手头的任务压得喘不过气，那么从鸟瞰角度审视自己，可以帮助你升级自我介绍。你可以问一问自己为什么要这样做，明确自己的目的。试着找出只属于自己的个人陈述。

这也与我们在第二章所做的"未来"设定相联系。让我们通过回顾每一个目标，重新定义我们的目标。

通过七种道具"分析"自己

在本章中，我们一起思考如何运用七种道具"分析"自己。

① 探索自己的弱点。

↓

② 创造一个独特的主题。

↓

③ 发现自己的独特之处。

↓

④ 找出影响你的人。

↓

⑤ 俯视自己的人生，明白恢复的契机。

↓

⑥ 给自己贴上容易被发现的标签。

↓

⑦ 问自己工作的意义，深入探索自己工作的目的。

就像我们不常看自己的背影一样，只从一个角度很难完整地了解自己。不过，只要用了本章介绍的七种道具，从各个角度审视自己，你或许已经能窥见自己的分毫了。

你可能会想吐槽，都做了那么多了才窥见分毫？遗憾的是，我只能帮你到这里。我使用的每一种道具都会带来类似"星星"的东西。

就像天空中的星座是通过连接星星而产生的一样，你的形状也是通过连接各个叫作星星的线索而产生的。而将这些点串联起来，并使之成为一个故事，这是只有你才能做到的行为。将本章中出现的星星与对自己的解读联系起来，试着找到属于自己的"星座"。这个星座会守护你，让你的自我介绍闪闪发光。

在第三章和第四章中，我们一直在努力把握"自己的外在"和"自己的内在"，以升级我们的自我介绍。在最后一章，我们将更接近自我介绍所创造的新世界。

第五章

跨界使人生
更丰富

在 21 世纪，我们必须以"个体"为主规划职业道路。现在，个体的力量对公司和社会会产生很大的推动力。这个时代也是依赖个体巨大力量的时代。本章的重点是在掌握了"自我介绍 2.0"的诀窍后，如何走好人生的路。

个人职业道路规划

大跨界时代

大约 30 年前，在世界企业市值排名中，日本企业几乎占据了前十名的位置。然而，在短短的 30 年间，这些位置就基本上被美国和中国的企业占据（见表 5-1）。真可谓是盛衰无常，变幻莫测。

日本引以为傲的家族式管理基础"终身雇佣制"，如今已经出现了制度疲劳，在日本经济增长时期起支撑作用的企业结构和基础逐渐衰败。在告别"平成时代"，开启"令和时代"① 时，人们的价值观发生了改变。

此外，人们的平均寿命也在延长，可以说我们生活在"百岁人生时代"。

另外，企业的实力越来越弱，寿命越来越短。人与企业之间的关系已极度不平衡。在日本，尤其是在大公司，重组和提前退休制度也在加速推进落实。

提前退休的情况并不只发生在五六十岁的人身上，也越来越多地发生在四十多岁的人身上。在这种情况下，要想"一生留在一个企业"，显然是很难的。

---

① 2019 年 5 月 1 日零时，日本正式启用"令和"为年号。——编者注

表 5–1　世界企业市值总额排名

1989 年				2018 年			
排位	企业名	市值总额（亿美元）	国家	排位	企业名	市值总额（亿美元）	国家
1	NTT	1638.6	日本	1	苹果	9098.4	美国
2	日本兴业银行	715.9	日本	2	亚马逊	8247.8	美国
3	住友银行	695.9	日本	3	字母表（谷歌）	7792.3	美国
4	富士银行	670.8	日本	4	微软	7576.4	美国
5	第一劝业银行	660.9	日本	5	Facebook	5626.9	美国
6	IBM	646.5	美国	6	腾讯控股	4769.6	中国
7	三菱银行	592.7	日本	7	阿里巴巴集团控股	4751.7	中国
8	埃克森	549.2	美国	8	伯克希尔－哈撒韦	4621.2	美国
9	东京电力	544.6	日本	9	摩根大通	3547.7	美国
10	荷兰皇家壳牌	543.6	英国	10	埃克森美孚	3502.6	美国

资料来源："商业周刊全球 1000"（美国《商业周刊》杂志，1989 年 7 月 17 日出版，）外国企业市值总额排名（乐天证券，截至 2018 年 6 月底）。

想在这个不确定的世界上生存，我们应该依靠什么？

每个人都要规划自己的职业道路，制定自己的生存策略。所有员工乘坐同一辆矿车，在公司设定的轨道上前进。如果是这样，那么在行不通时，大家可能会一起遭遇翻车事故。因为在隶属于公司的同时，我们也要自定方向，脚踏实地地走下去。

我现在感觉到了人与人之间的一种"动向"：跨界。它可能小到只有胎动那么微弱。

不过，今后人人都需要跨界，而且个体跨界肯定会蓬勃发展。

为什么未来需要"跨界"？

何谓边界

大多数人在听到"跨界"这个词时，都会想到跨越国家之间的边界。然而，过境并不限于在国家之间。正如我在第一章提到的，"跨界学习"的必要性和要求"跨界领导力"的声音每天都在变大。

"跨界"一词意味着"边界存在"。人们对无形的边界很敏感。

我们往往会区分"朋友和敌人""内部和外部""那里和这里"等。那么，我们的周围有着怎样的边界，我们又该如何跨越这些边界？

首先，让我们思考这些边界存在于哪里。比尔·盖茨基金会主任克里斯·恩斯特（Kris Ernst）等人在《越过组织的障碍》一书中，阐述了现代领导者必须跨越的诸多边界。我将通过总结介绍这些边界。

- 纵向边界（等级、职位、资历、权力、权限）。
- 横向边界（部门、单位、同事、专长）。
- 利益相关者的边界（组织及其外部合作伙伴，如合作伙伴、客户、股东等）。
- 人口边界（性别、教育水平、意识形态）。
- 地理边界（距离、位置、文化、区域、市场）。

这样，我们就可以看到自己与他人之间平时隔着多少个"看不见的边界"。边界形成了一种无法理解的分裂文化，并产生了代际纠纷、垂直结构、权力骚扰、性骚扰等矛盾和问题。我们中的一些人可能已经在这些边界上有过挣扎。

创造边界也有积极的一面。日本人善于掌握某一个领域。通过对某一个狭窄领域的深挖，日本制造业和服务业的质量得到了提升。这是一个在花道、茶道方面追求极致的国家，也有名为"职人"的、传承几百年传统的专业人士。这是一个独特的国家，也已经被创造的边界保护。

但是，在现代社会，其中也存在很大的危害。所谓的"高次元化"，就是陷入自我封闭和孤立的状态，不与其他领域合作。他们可能完全不知道其他部门在做什么，可能会说"我们发现自己部门和公司其他部门正在开发同样的产品"，或者"我们为内部基础设施引进了一个公司内部开发的 IT 系统，但很难用"。

因此，我们接到了大量的投诉，说系统"难以使用"，总体来说，分工过于细化，人们在职场上就会面临很多失败。

以提供名片管理服务著称的 Sansan 公司的一则电视广告很形象地说明了这个问题。原来，他们正在接触的一个商业伙伴的关键人物，之前居然和公司总裁交换过名片。当销售代表知道这件事后，他对总裁说："你以前为什么不告诉我？"

这并不是一个戏剧化的故事，任何一家公司在成为一个"大熔炉"时，这种不好笑的情况都会成为常态。

不过，只要我们能感叹"公司内部出现了浪费"，情况就还不错。最值得我们警惕的是，我们被困在一个组织或一个专业领域，无法创造新的价值。

跨越个体边界的重要意义

我认为，新的价值创造，即所谓的"创新"，其真谛在于"跨界"。

创新有时被称为"技术创新"，但这只是创新的一部分。倒不如说因为被误解了，所以这个说法不知不觉地传开了。

最早提出创新必要性的经济学家约瑟夫·熊彼特（Joseph Schumpeter）对创新做了如下解释："执行新的结合。"换句话说，就是对新的或已有的知识、资源、设备等以新的方式进行组合。

创新并不局限于技术，还包括人、物、资金、信息等资源的新组合。如果从如何组合"人"这个资源的角度思考，可以说，人与人的组合，创造了新的价值。所以，我们迫切需要打破单一性、超越边界，变得具有多样性和包容性。

而这也是个体跨越边界的必要性所在。因为跨界带来的个体多样性和视角，可以回传你所在的公司或团队，为组织带来多样性，带来新的活力和创新。正是这种"个体跨界"赋予了组织最大的力量。

然而，即使我们知道做"新结合"有创造价值的苗头，但当时机成熟时，无论个人还是企业，都提不起沉重的步伐。从这里开始，我将谈谈如何"跨界"，创造新的纽带。

寻找能引起摩擦的相遇

你是否太习惯于不做自我介绍就和你能"大概"理解的人合作，或者和与你想法相似的人合作？如果你对这种现状感到很满意，并且处理新事物的意愿已经不那么强烈，那么你就有了一盏闪烁的黄灯。

因为在一个没有多样性的舒适环境中，不会产生"新的纽带"，也不会产生"新的价值"。新的价值是由拥有不同背景的人们进行跨界而产生的。如何才能跨越边界呢？

那么，我们该如何跨越这些边界呢？

首先，不要害怕越界。与其胆怯于跨越边界，不如鼓起勇气跳进未知的世界。"自我介绍2.0"将给你勇气。无论在什么样的环境下，你都要相信对方，敞开心扉，畅谈未来。因此，当你和对方谈及未来时，一定会出现新的机会和成就。它永远不可能从被安排的东西中创造出来。当然，克服跨界的恐惧和焦虑并非易事。

我确立了自己的行动准则——"一天一期一会""我想每天至少认识一位新朋友"。如果你不创造机会接触以前不知道的世界，认识新朋友的机会就会溜走。

比如，我去参加研讨会等活动，结识公司以外的人，或者约见不同行业、不同企业的人，交流彼此对未来的设想。此外，邂逅不一定要局限在人与人之间，看一本新书、一部新电影，或者尝试一道从未吃过的新菜，都可以算是邂逅。

无论是多小的变化，都没有关系。你每天都能感受到今天的自己与昨天的自己有所不同。提高跨界能力最好的方法，就是敏感地察觉到昨天与今天、体验前后，内心的"变化"。

　　需要注意的是，人们往往会寻找对自己更方便的信息，以及与自己拥有共同想法和品位的人。即使你抓住机会进行横向联系，最终也可能会陷入由与你的思想和行为模式相似的人构成的"友谊俱乐部"。这可以说是一种"自我封闭"。

　　我们稍微换个话题，分析一种叫作"头脑风暴"的创意生成方法。在与他人一起想出一堆有趣的点子后，你难道没有感觉更良好吗？甚至还有一个用于概括这种情况的名词叫"头脑风暴度假村"。"头脑风暴"很好，问题是如何摆脱不温不火的局面，如何产生想法，如何付诸实践。

　　"跨界"也会带来孤独和焦虑。有时，你可能会发现自己处于无法脱身的境地。但这种不舒服和紧张的情况，却能产生前所未有的价值。

　　AKB48 的制作人秋元康在思考内容时，非常重视的一点就是"摩擦"。他说，要想创作出受欢迎的内容，必须有摩擦。例如，"不合理""反对""争议"等都可以算作"摩擦"。

当我们在创作内容的过程中产生"摩擦"时，各个项目组合起来的差异越大，摩擦系数就越高。这个结论带来了前所未有的颠覆性创新。

比如，在 AKB48 出现之前，偶像是电视屏幕另一边遥不可及的人物，是被众人追捧的人物。不过，通过打造"可以见面的偶像"概念，设置见面会等平台，AKB48 成功地打造了近距离"守护""养成"女孩的新粉丝心态。此外，AKB48 引入"投票制"，其根据成员的人气进行排名的制度，让偶像的世界形成了"竞争"，也引起了舆论争议，以至于产生了很大的摩擦，成为社会话题，甚至是一种社会现象。

正因为他能够设计出让这种"摩擦"产生的纽带，所以秋元先生才能在任何时代继续成为创新者。

我在镰仓还经营着一家名为"北条 SANCI"的共享办公室，那是一栋有着 90 年历史的老房子，经过改造，为我所用。这个办公室只接受邀请，所以不同背景、不同能力、不同领域的人，例如，平面设计师、编辑、音乐制作人和工程师等都聚集在这里。除了自由职业者，上市公司也把办公室作为卫星办公室[①]。有各年龄和性别的人居住在这里。而"广度"是我在经营公司时很看重的一个概念。

在一个向所有人开放的共享办公室里有一种倾向，那就是相似年代和职业的人会聚集在一起。所以，我们决定采用邀请制。我们要求住户需在了解我们的理念之后再入住，并让住户只邀请他们觉得可以信任的人。办公室总是由拥有不同背景的人组成，我们可以保持一个有"摩擦"的环境。

在这种紧张的局面中，更容易发生"化学反应"。虽然从我们开始运营至今才一年，但这里已经诞生了使用人工智能的项目，设立了杂志编辑的卫星办公

[①]　主要针对那些对办公场所条件要求不高的高新技术企业，以及视频、影视制作等设计类的、以创意开发为主的企业。是通过信息通信网络等手段，将设立在乡村地区的办公室或分公司与位于城市的企业总部连接起来的工作方式。——编者注

室，甚至收到了海外的工作请求。

融入制造"摩擦"的设计和机制，将带来新价值的创造。

做什么不重要，重要的是与谁合作

还有一种方式是跨越边界，创造新的纽带，这种方式的关键在于要有"与谁合作"的意识。

直到现在，我们都理所当然地认为"我们做什么"是创业或活动的开始。

然而，从现在起，我们应将这个计划细化到什么程度？为了价值创造的计划，到底可以带来什么？

例如，PDCA 循环是一种提高企业运营效率的方法，从"计划"（Plan）开始，然后是"执行"（Do）、"检查"（Check）、"改善"（Act），通过重复这些步骤，我们可以不断地提高企业的运营效率。那么在"规划"的大前提下，接下来的商业设计是否正确呢？

《世界上的精英为何要训练自己的"美感"》的作者山口周先生表示"现在的社会，'正确的答案'就会被商品化（Commodity）"。

即使你决定了要做什么，之后用 PDCA 循环寻找"正确的答案"，最后大家的答案都是一样的，或者很快就会被复制。所以要关注的不是具体如何落实商品化的"做什么"（What），而是商品化的对象"谁来做"（Who）以及"为什么要做"（Why）。

如果我们把它比作音乐，"做什么"是"管弦乐演奏型"的价值创造，而"与谁一起做"是以即兴创作为核心的"爵士即兴合奏型"的价值创造。

根据乐谱，交响乐将乐团分为若干个部分，在一位指挥的指挥下，乐队在音符毫无偏差的情况下和谐地合奏。而在爵士即兴合奏中，没有固定的乐谱，爵士乐手们根据对现场气氛的理解，配合互相的节奏协奏乐曲，同样的演奏不可能重现。

当然，我不否认我们应该思考价值本身，即"我们能生产什么"。但是，劳动力市场越萎缩，资源越稀缺，"人"就越重要，比起想法，实现这些想法的执行者，即"人"更加重要。无论多么好的想法，如果没有人去实施，就没有价值。

正因为现在人们关注的是"人"，关注的是"和谁一起做"，所以活用"自我介绍 2.0"才能"谈论未来"。通过新的自我介绍，我们可以和对方一起畅谈未来，并且就像演奏一场爵士即兴合奏一样，演奏对方和自己的未来。

创造"跨界"的人生

每当我们"跨界"时，我们都会获得一个鸟瞰世界的视角，这种视角可以眺望的景色，是我们如果一直待在同一个领域内绝对看不到的。

因此，我们可以创造出世上还不存在的（或者还没有被定义的）并且独一无二的项目、工作和职业。

　　我自己也从很多跨界的经验中得到了启发和提示。可以说，"东京工作设计周"是我职业生涯的一个转折点，它就是源于一次跨界的经历。

　　这个经历的契机是日本 3·11 大地震。

　　通过地震和海啸，我亲身体会到自然的力量是任何人都无法抗拒的，我自责于自己作为个体的无力。在没有决定下一步怎么做的情况下，我做出了辞职的决定。我不明白自己能在工作中贡献什么价值。

　　当我正在为这些问题而苦恼，不知道"我有什么可以做的"时，一位朋友邀请我参加志愿者活动，这是我人生中第一次参加志愿者活动。

　　我们去了陆前高田市的一个村子，这个村子的受灾情况非常严重。在那里，我们不仅提供食物，照顾孩子，还帮助他们建立基础设施，比如架设尚未开通的网络线路。我永远不会忘记村子被海啸席卷的景象，但最重要的是，我不会忘记当时村长对我说的话。

　　他说："你不来这里，对我们也没有影响的。你还年轻，我认为你可以采用不同于当志愿者的方式，帮助日本东北部的灾民和这个村子里的孩子，不是吗？"

这是村长对我说的话，这番话让我受到了强烈的冲击。我想，村长希望得到更多的、可持续的社会支持，而不仅仅是临时的地方支持。

那一刻，我意识到，即使我不直接参与，我也可以为人们和社会做些什么。从那一刻起，我开始思考自己的工作，我不仅是为自己烦恼，也是为日本东北部的孩子、为创造未来的年轻人而烦恼。我开始对我可以为他们做的事进行更多探索。

从那时起，我就开始为"东京工作设计周"这个新的工作方式做一些力所能及的贡献。我开始创造机会，让人们与他人分享他们的问题，交流新的工作方法的想法和提示。起初，它是我和几个朋友在涩谷的一个角落里举行的小型学习小组。现在，它已经成为日本最大的有关工作方式的节日之一，共吸引了3万多人参加。去年，我们甚至到韩国首尔进行了海外活动，今后我们预计会在亚洲的其他城市举办更多的活动。

我想继续尽自己的能力，形成一个能让当时一起玩耍的孩子们带着明亮的眼睛走出来的社会，我想为此做出自己的贡献。

如果没有那段跨界经历，我也无法突破自己的边界，并思考"工作方式的未来"和"从今以后的自我介绍"。

试着去一个你从未去过的地方，接受不舒服和烦人的事情，享受新发生的事情。在这些小小的跨界经历中，不可替代的机会可能会开始出现。

你现在期望什么

出生时，每个人都是"冒险家"。

我有一个刚满 3 岁的女儿，她对一切都充满了好奇，对新的事物总是心动不已。

相信我们每个人的童年都是充满好奇心和兴奋的。

无论多么琐碎的事情，我们都会不厌其烦地追问大人们"为什么"，总是想去没有去过的地方。

　　然而，在长大成人的过程中，我们会遇到各种界限。我们会遇到"正确还是错误""合格还是不合格""成功还是失败""有没有责任"等各种界限。当然，这些都是我们在社会生活中应该掌握的常识和礼仪。然而，随着年龄的增长，刻板印象和先入为主等观念对人的影响越来越大，对失败的恐惧使我们在脑海中不知不觉地产生了虚构的"边界"。

　　但是，脑海中原本应该是没有边界的。国界、领海、领空等边界是人类自行划定的，但陆地、海洋、天空等自然界中的概念却没有实际的边界。你的能力和可能性也是如此。

　　跨越边界是很难的，但如果不迈出第一步，你就会一直在边界的内侧，而且时间只会无情地流逝。希望本书介绍的"1 分钟脱颖而出"能帮助你迈出"跨界"的第一步。"跨界"之后，你将获得各种思考方法和价值观，收获更多的快乐。如果你利用你所学到的知识为公司或社区带来利益，你将能够与他人分享这种快乐。

　　精神病学家和心理学家维克多·弗兰克尔（Viktor Frankl）是《夜与雾》的作者，该书描述了纳粹集中营以及那些在绝望中仍然充满希望的人的生活，他谈到了生命的意义。

　　"问题将不再是'我期待生命中的什么'，而应变为'生命期待我的什么！'。"

　　弗兰克尔在《生命的探问》一书中表达了自己的观点："生命不断在向我们发问，我们需要给出答案，只有当我们能够回答这些问题时，我们才有可能实现生命的价值与意义。"

　　最强的人，莫过于懂得"生命期待我的什么"的人。如果你知道生命对你的期待，你就能跨越任何边界。

　　如果你在这本书中找到了自己，我相信这个问题对你来说很容易回答。下面要介绍的是本书最后的活动（见图5-1）。而填空题的答案将是帮助你指引自己的路标和护身符。生命对你有什么期待？

　　请先稍微闭上眼睛，试着用你说出来的话语，填入图 5-1 的空白处。

人生能对你有什么期待？

我的"人生"期待我 _____ 。

图 5-1　找到人生的意义

你填了什么？

我填的是"个人解放"，你也可以称之为"个体创造"或"个体培养"。我们生活在一个人人都可以靠自己创造未来的时代，我希望尽可能多的人能够意识到自己的力量，通过自己的工作方式和自我介绍，通过与更多人的接触编织自己的未来。

不要谈你的头衔，要谈你的未来。

新时代的幸福在边界之外等待着你。衷心希望你的自我介绍能从现在开始，在你与他人的无数次邂逅中发挥作用。

结束语
Concluding Remarks

"我想再和你一起干点什么。"

热烈的谈话结束后,人们总会用这句社交辞令来结束整个谈话。

我们总是这样互相问候,然而什么都没有确定下来。

到头来,期望总是在空中消失不见,很少有落地实现的时候。

在本书的最后,如果按照通常的做法,我可能会用惯常的结束方式,像成年人一样客气地说:"我们可以再找个地方见面,互相介绍一下。"

然而,你真的可以通过说这样俗套的话语升级你的自我介绍吗？如果你依靠社交辞令，那么自我介绍就毫无成果可言。

所以，对于一直看到这里的朋友们，我想在最后提出一个"请求"（如果你是从结束语开始读的，我想告诉你，这是书中"最强大的自我介绍技巧"之一）。

我的"请求"是让你"表明决心"。如果读完本书后，你为自己的自我介绍拟定了一句话，或者你在自我介绍中注意到了什么或下了什么决心，请在自己的社交平台中用"# 能和未来对话的人"发布你的想法和声音。我希望你能通过这个方式邂逅新的机遇。

最重要的是，我希望你能采取行动。因为只是在脑海里理解一遍的话，并不能改变什么。

无论多小的行动，这些行动积累起来都将创造未来。

我再说一遍：只有行动起来，你才能创造自己的未来。

话说回来，我写作这本书是因为受角川公司的城崎尉成先生的邀请。第一次见到他时，他问我："是不是介绍一下自己就可以改变世界？"我记得，他向我倾诉了他的殷切期望。

我一个人不可能承载这么高的期望，所以在写作本书的过程中，我得到了很多人的建议和支持。

我特别想感谢黑鸟社的若林惠（在前言里登场的"某人"）、医学博士石川善树、策划的森垣卓也、领英的村上臣、Sansan 的丸山裕贵、文案的梅田悟司、日本设计振兴会的川口真沙美、茑屋书店的兼头启悟、助手宇野景太，没有他们，就不可能有这本书。我想借此机会再次感谢大家。

最后，我要感谢所有把这本书捧在手心的读者。如果这本书能帮助你在众多陌生人聚集的聚会上 1 分钟脱颖而出，我会非常高兴。

我在这本书中的角色就像一位主持人，这本书不过是将世界上正在发生或正在说的事件和研究成果进行汇编，重新排列，我就像是在编排播放一张又一张的唱片。如果文中有不理解或感到误解的地方，请你指出来。这样我就可以试着把自我介绍从 2.0 升级到 3.0。

让自己通过自我介绍快速与他人建立强关系的开场白实现起来虽然略有难度，但这才刚刚开始。我真诚地期待着有一天我能在路上的某个地方遇见你，和你一起探讨未来。我希望我们能一起做一些事情。

啊，我就知道这是一个俗套的结束方式。

2019 年 4 月

邂逅的季节

在樱花飞舞的多摩川大地

参考文献
Reference

『LIFE SHIFT』(リンダ・グラットン、アンドリュー・スコット著、東洋経済新報社)

『直感と論理をつなぐ思考法 VISION DRIVEN』(佐宗邦威著、ダイヤモンド社)

『WE ARE LONELY, BUT NOT ALONE.』(佐渡島庸平著、幻冬舎)

『トラスト・ファクター〜最強の組織をつくる新しいマネジメント』(ポール・J・ザック著、キノブックス)

『マネジメント[エッセンシャル版]』(ピーター・F・ドラッカー著、ダイヤモンド社)

『利益や売上げばかり考える人は、なぜ失敗してしまうのか』（紺野登、目的工学研究所著、ダイヤモンド社）

『自己紹介が9割』（立川光昭著、水王舎）

『働き方の哲学～360度の視点で仕事を考える』（村山昇著、若田沙希絵、ディスカヴァー・トゥエンティワン）

『WHYから始めよ！』（サイモン・シネック著、日本経済新聞出版社）

『すごい自己紹介』（横川裕之著、泰文堂）『ワーク・デザイン』（長沼博之著、阪急コミュニケーションズ）

『40歳が社長になる日』（岡島悦子著、幻冬舎）『1分で話せ』（伊藤羊一著、SBクリエイティブ）

『FIND YOUR WHY』（サイモン・シネック、デイビッド・ミード、ピーター・ドッカー著、ディスカヴァー・トゥエンティワン）

『働く大人のための「学び」の教科書』（中原淳著、かんき出版）

『組織の壁を越える』（クリス・アーンスト、ドナ・クロボット＝メイソン著、英治出版）

『夜と霧 新版』（ヴィクトール・E・フランクル著、みすず書房）

『安心社会から信頼社会へ』（山岸俊男著、中公新書）

『どこでも誰とでも働ける』（尾原和啓著、ダイヤモンド社）

『世界のエリートはなぜ「美意識」を鍛えるのか？』（山口周著、光文社新書）

『伝え方が9割』（佐々木圭一著、ダイヤモンド社）

『10年後、君に仕事はあるのか？』（藤原和博著、ダイヤモンド社）

『さよなら、大衆。』（藤岡和賀夫著、PHP文庫）

『さよなら未来』（若林恵著、岩波書店）

版权声明